FREMDSPRACHENTEXTE

Anna Gavalda

35 kilos d'espoir

Herausgegeben von
Helmut Keil

Philipp Reclam jun. Stuttgart

Diese Ausgabe darf nur in der Bundesrepublik Deutschland, in Österreich und in der Schweiz vertrieben werden.

RECLAMS UNIVERSAL-BIBLIOTHEK Nr. 9148

Umschlagillustration: Frédéric Rébéna
Gesamtherstellung: Reclam, Ditzingen. Printed in Germany 2006

ISBN-13: 978-3-15-009148-7
ISBN-10: 3-15-009148-9

www.reclam.de

À mon Bon-Papa
et à Marie Tondelier

Je hais l'école.

Je la hais plus que tout au monde.

Et même plus que ça encore …

Elle me pourrit la vie.

Jusqu'à l'âge de trois ans, je peux dire que j'ai été heureux. Je ne m'en souviens plus vraiment, mais, à mon avis, ça allait. Je jouais, je regardais ma cassette de *Petit Ours Brun* dix fois de suite, je dessinais et j'inventais des milliards d'aventures à Grodoudou, mon chien en peluche que j'adorais. Ma mère m'a raconté que je restais des heures entières dans ma chambre à jacasser et à parler tout seul. J'en conclus donc que j'étais heureux.

À cette époque de ma vie, j'aimais tout le monde, et je croyais que tout le monde s'aimait. Et puis, quand j'ai eu trois ans et cinq mois, patatras! l'école.

Il paraît que, le matin, j'y suis allé très content. Mes parents avaient dû me bassiner avec ça pendant toutes

4 **pourrir:** verderben, verfaulen lassen; hier (fam.): gründlich vermiesen, verleiden.
8 **un ours:** Bär.
de suite (f.): hintereinander.
10 **la peluche:** Plüsch.
12 **jacasser** (fam.): schwatzen, plappern.
conclure: schließen, folgern.
16 **patatras!:** bums!, pardauz!
18 **bassiner qn** (fam.): jdm. auf die Nerven gehen, auf den Wecker fallen.

les vacances: «Tu as de la chance mon chéri, tu vas aller à la grande école ...» «Regarde ce beau cartable tout neuf! C'est pour aller dans ta belle école!» Et gnagnagna ... Il paraît que je n'ai pas pleuré. (Je suis curieux, je pense que j'avais envie de voir ce qu'ils avaient comme jouets et comme Légo ...) Il paraît que je suis revenu enchanté à l'heure du déjeuner, que j'ai bien mangé et que je suis retourné dans ma chambre raconter ma merveilleuse matinée à Grodoudou.

Eh bien, si j'avais su, je les aurais savourées, ces dernières minutes de bonheur, parce que c'est tout de suite après que ma vie a déraillé.

– On y retourne, a dit ma mère.

– Où ça?

– Eh bien ... À l'école!

– Non.

– Non quoi?

– Je n'irai plus.

– Ah bon ... Et pourquoi?

– Parce que ça y est, j'ai vu comment c'était, et ça ne m'intéresse pas. J'ai plein de trucs à faire dans ma chambre. J'ai dit à Grodoudou que j'allais lui construire une machine spéciale pour l'aider à retrou-

2 **le cartable:** Schulranzen.
4 **gnagnagna:** blablabla.
6 **comme:** hier: als.
7 **enchanté, e:** begeistert, sehr froh.
11 **savourer:** genießen, auskosten.
13 **dérailler:** entgleisen.
22 **plein, e de:** viele, eine Menge; (fam.) ein Haufen.
le truc (fam.): Sache, Ding.

ver tous les os qu'il a enterrés sous mon lit, alors je n'ai plus le temps d'y aller.

Ma mère s'est agenouillée, et j'ai secoué la tête.

Elle a insisté, et je me suis mis à pleurer.

Elle m'a soulevé, et je me suis mis à hurler.

Et elle m'a donné une claque.

C'était la première de ma vie.

Voilà.

C'était ça, l'école.

C'était le début du cauchemar.

Cette histoire, j'ai entendu mes parents la raconter un milliard de fois. À leurs amis, aux maîtresses, aux profs, aux psychologues, aux orthophonistes et à la conseillère d'orientation. Et à chaque fois que je l'entends, ça me rappelle que je ne le lui ai jamais construit, son détecteur d'os, à Grodoudou.

Maintenant j'ai treize ans et je suis en sixième. Oui, je sais, il y a quelque chose qui ne va pas. Je vous explique tout de suite, ce n'est pas la peine de compter

1 **enterrer:** vergraben.
3 **s'agenouiller:** sich hinknien.
secouer: schütteln.
4 **insister:** nicht lockerlassen.
5 **hurler:** brüllen, heulen.
6 **la claque:** Ohrfeige.
10 **le cauchemar:** Albtraum.
13 **un orthophoniste:** Logopäde, Sprachtherapeut.
14 **la conseillère d'orientation** (f.): Beratungslehrerin.
16 **le détecteur:** Anzeige-, Suchgerät.
17 **la sixième:** Sexta (1. Klasse des Gymnasiums).
19 **ce n'est pas la peine:** es ist nicht nötig.

sur vos doigts. J'ai redoublé deux fois: le CE2 et la sixième.

L'école, c'est toujours le drame à la maison, vous pouvez imaginer ... Ma mère pleure et mon père m'engueule, ou alors c'est le contraire, c'est ma mère qui m'engueule et mon père qui ne dit rien. Moi, ça me rend malheureux de les voir comme ça, mais qu'est-ce que je peux faire? Qu'est-ce que je peux leur dire dans ces cas-là? Rien. Je ne peux rien dire parce que si j'ouvre la bouche, c'est pire que tout. Eux, ils ne trouvent qu'une chose à répéter comme des perroquets:

«Travaille!»

«Travaille!» «Travaille!» «Travaille!» «Travaille!»

D'accord, j'ai compris. Je ne suis pas complètement crétin, quand même. Je voudrais bien travailler; mais l'ennui, c'est que je n'y arrive pas. Tout ce qui se passe à l'école, c'est comme si c'était du chinois pour moi. Ça rentre par une oreille et ressort par l'autre. On m'a emmené voir des milliards de docteurs, pour les yeux, pour les oreilles, et même pour le cerveau. Et la conclusion de tout ce temps perdu, c'est que j'ai un problème de concentration. Tu parles! Moi je sais très

1 **redoubler:** (Klasse) wiederholen; (fam.) sitzen bleiben.
le CE2: Abk. für *Cours Élémentaire 2:* 3. Klasse der Grundschule.
5 **engueuler** (fam.): anbrüllen, anschnauzen.
12 **le perroquet:** Papagei.
16 **crétin, e:** dumm, blöd, schwachsinnig.
22 **la conclusion:** (Schluss-)Folgerung.
23 **tu parles!** (fam.): denkste!, von wegen!

bien ce que j'ai, il suffit de me le demander. Je n'ai pas de problème. Je n'en ai aucun. C'est juste que ça ne m'intéresse pas.

Ça ne m'intéresse pas. Point à la ligne.

J'ai été heureux une seule année à l'école, c'était en grande section de maternelle avec une maîtresse qui s'appelait Marie. Elle, je ne l'oublierai jamais.

Quand j'y repense, je me dis que Marie est devenue institutrice juste pour continuer à faire ce qu'elle aimait dans la vie, c'est-à-dire bricoler, créer et fabriquer des choses. Je l'ai tout de suite aimée. Dès le premier matin du premier jour. Elle portait des vêtements qu'elle avait cousus elle-même, des pulls qu'elle avait tricotés et des bijoux qu'elle avait inventés. Il ne se passait pas une journée sans que nous ramenions quelque chose à la maison: un hérisson en papier mâché, un chat avec une bouteille de lait, une souris dans une coquille de noix, des mobiles, des dessins, des peintures, des collages ... C'était une maîtresse qui n'attendait pas le jour de la fête des Mères

4 **point à la ligne:** Punkt und neuer Absatz; hier (fig.): basta!
6 **la grande section de maternelle:** Die französischen Vorschulklassen sind nach den Gruppen *petite, moyenne* und *grande section* eingeteilt (*la maternelle:* Vorschule, Kindergarten).
9 **une institutrice:** (Volksschul-)Lehrerin.
10 **bricoler:** basteln.
13 **coudre:** nähen.
14 **tricoter:** stricken.
16 **le hérisson:** Igel.
17 **le papier mâché:** Pappmaché.
18 **la coquille de noix:** Nussschale.
20 **la fête des Mères:** Muttertag.

pour nous demander de mettre la main à la pâte. Elle disait qu'une journée réussie était une journée où l'on avait produit quelque chose. Quand j'y pense, je me dis que cette année de bonheur est aussi à l'origine de tous mes malheurs parce que c'est à ce moment-là que j'ai compris une chose très simple: rien ne m'intéressait plus au monde que mes mains et ce qu'elles pouvaient fabriquer.

Pour en finir avec Marie, je sais aussi ce que je lui dois. Je lui dois un CP à peu près convenable. Parce qu'elle avait bien compris à qui elle avait affaire. Elle savait que les larmes me montaient facilement aux yeux quand il s'agissait d'écrire mon prénom, que je ne retenais rien et que c'était l'horreur pour moi de réciter une comptine. À la fin de l'année, le dernier jour, je suis allé lui dire au revoir. Ma gorge était serrée et j'avais du mal à parler. Je lui ai tendu mon cadeau, c'était un super pot à crayons avec un tiroir pour les trombones, un autre pour les punaises, un endroit pour poser sa gomme et tout ça. J'avais passé

1 **mettre la main à la pâte:** mit Hand anlegen, mit zupacken (*la pâte:* Teig).

10 **le CP:** Abk. für *Cours Préparatoire:* Vorschule (entspricht der 1. deutschen Grundschulklasse).
convenable: angemessen, passend, ordentlich; (fam.) ganz anständig.

11 **avoir affaire à qn:** mit jdm. zu tun haben.

14 **retenir:** hier: (im Gedächtnis) behalten, sich merken.

15 **réciter:** aufsagen.
la comptine: Abzählvers, -reim.

16f. **serré, e:** eng; hier: wie zugeschnürt (*avoir la gorge serrée:* kein Wort herausbringen).

19 **le trombone:** Posaune; hier: Büroklammer.
la punaise: Wanze; hier: Heft-, Reißzwecke.

des heures à le mettre au point et à le décorer. Je voyais bien que ça lui faisait plaisir et qu'elle avait l'air aussi émue que moi. Elle m'a dit:

– Moi aussi j'ai un cadeau pour toi, Grégoire …

C'était un gros livre. Elle a ajouté:

– L'année prochaine, tu seras chez les grands, dans la classe de Mme Daret, et il faudra que tu t'appliques beaucoup … Tu sais pourquoi?

J'ai secoué la tête.

– Pour pouvoir lire tout ce qu'il y a là-dedans …

Une fois chez moi, j'ai demandé à ma mère de me lire le titre. Elle a mis ce gros livre sur ses genoux, et elle a dit:

– *1000 activités pour les petites mains.* Ouh là là, que de bazar en perspective!

J'ai détesté Mme Daret. J'ai détesté le son de sa voix, ses façons et sa sale manie d'avoir toujours des chouchous. Mais j'ai appris à lire parce que je voulais fabriquer l'hippopotame en boîte d'œufs de la page 124.

Sur mon bulletin de fin de maternelle, Marie avait écrit:

1 **mettre au point:** auf den Punkt bringen, klarstellen; hier: fertigstellen.
7f. **s'appliquer:** fleißig sein.
15 **le bazar:** hier (fam.): Durcheinander, Wirrwarr, Kuddelmuddel.
16 **détester:** verabscheuen, hassen, nicht ausstehen können.
17 **la manie:** Schrulle, Marotte, Angewohnheit.
18 **le chouchou** (fam.): Liebling.
19 **un hippopotame:** Nilpferd.
21 **le bulletin:** Zettel, Schein; hier: Zeugnis.

«Ce garçon a une tête en forme de passoire, des doigts de fée et un cœur gros comme ça. On devrait réussir à en faire quelque chose.»

C'était la première et dernière fois de ma vie qu'un membre de l'éducation nationale ne me saquait pas.

*

De toute façon, j'en connais plein, des gens qui n'aiment pas ça. Vous, par exemple, si je vous demande: «Tu aimes l'école?» Vous allez secouer la tête et me répondre que non, c'est évident. Il n'y a que les super fayots pour dire oui, ou alors ceux qui sont tellement bons que ça les amuse de venir tous les matins tester leurs capacités. Mais sinon … Qui aime *vraiment* ça? Personne. Et qui déteste *vraiment* ça? Pas grand-monde non plus. Si. Il y a ceux qui sont comme moi, ceux qu'on appelle des cancres et qui ont tout le temps mal au ventre.

Moi, j'ouvre les yeux au moins une heure avant que mon réveil sonne, et pendant une heure je sens mon mal de ventre qui enfle, qui enfle … Au moment de descendre de mon lit superposé, j'ai tellement mal au

1 **la passoire:** Sieb.
5 **saquer** (auch *sacquer*) **qn:** jdn. durchfallen lassen; (fam.) jdn. durchrasseln lassen.
10 **le fayot:** weiße Bohne; hier: Kriecher, Streber.
12 **les capacités** (f.): Fähigkeiten, Können.
sinon: sonst.
15 **le cancre:** Faulenzer.
19 **enfler:** anschwellen, sich aufblähen.
20 **le lit superposé:** Hoch-, Etagenbett.
20f. **j'ai mal au cœur:** mir wird, ist schlecht, übel.

cœur que j'ai l'impression d'être sur un bateau en pleine mer. Le petit déjeuner est un supplice. En vérité, je ne peux rien avaler, mais comme ma mère est toujours sur mon dos, je prends des biscottes. Dans le bus, mon mal de ventre se transforme en une boule très dure. Si je rencontre des copains et qu'on parle de *Zelda*, par exemple, ça va un peu mieux, la boule diminue, mais si je suis seul, elle m'étouffe. Mais le pire du pire, c'est quand j'arrive sous le préau. C'est *l'odeur* de l'école qui me rend le plus malade. Les années passent et les lieux changent, mais l'odeur reste la même. Une odeur de craie et de vieilles baskets mélangées, qui me prend à la gorge et me soulève le cœur.

La boule commence à fondre vers quatre heures, et elle a complètement disparu quand j'ouvre de nouveau la porte de ma chambre. Elle revient quand mes parents rentrent et qu'ils viennent me poser des questions sur ma journée et fouiller dans mon sac pour vé-

2 **le supplice:** Folter, Qual.
3 **avaler:** hinunterschlingen, -schlucken.
3f. **être sur le dos de qn:** jdm. ständig auf die Finger sehen.
4 **la biscotte:** Zwieback.
7 **«Zelda»:** Nintendos »Legend of Zelda« (beliebtes Video- und Spielkonsolenspiel).
8 **étouffer:** ersticken.
8f. **le pire du pire:** das Allerschlimmste.
9 **le préau:** überdachter Teil des Schulhofs.
12 **le basket:** Turnschuh.
13 **prendre qn à la gorge:** jdm. die Luft nehmen.
13f. **ça me soulève le cœur:** davon wird mir schlecht.
15 **fondre:** schmelzen.
19 **fouiller:** durchsuchen, -wühlen.

rifier mon agenda et mon carnet de correspondance, mais en moins fort, parce qu'avec eux j'ai l'habitude des crises maintenant.

Enfin, non, je suis en train de mentir là … Je ne m'y habitue pas du tout. Les crises se succèdent, et je n'arrive pas à m'y faire. C'est assez pénible. Comme mes parents ne s'aiment plus des masses, ils ont besoin de s'engueuler tous les soirs; et comme ils ne savent pas comment commencer, ils se servent de moi et de mes notes pourries comme prétexte. C'est toujours la faute de l'un ou de l'autre. Ma mère reproche à mon père de n'avoir jamais pris le temps de s'occuper de moi, et mon père lui répond que c'est sa faute à elle. Qu'elle m'a trop gâté.

J'en ai marre, mais j'en ai marre …

J'en ai marre à un point que vous ne pouvez même pas imaginer.

Dans ces moments-là, je me bouche les oreilles de l'intérieur, et je me concentre sur ce que je suis en train de construire: un vaisseau spatial pour Anakin

1 **un agenda:** Taschenkalender; hier: Aufgabenheft.
le carnet de correspondance (f.): Heft mit Eintragungen der Lehrer, das von den Eltern unterschrieben werden muss.
6 **s'y faire:** sich daran gewöhnen.
7 **des masses** (f.): stark, besonders, außergewöhnlich.
10 **pourri, e:** hier (fam.): mies, miserabel.
le prétexte: Vorwand.
14 **gâter:** verwöhnen.
15 **en avoir marre** (fam.): die Nase voll, es satt haben.
20 **le vaisseau spatial:** Raumschiff.
20 f. **Anakin Skywalker:** Figur des Erzschurken in der Weltraumsaga *Star Wars*.

Skywalker avec mes Légo *System*, ou un appareil pour presser les tubes de dentifrice avec mon Meccano, ou une pyramide géante en Kaplas. Après, il y a le supplice des devoirs. Si c'est ma mère qui m'aide, elle finit toujours par pleurer. Si c'est mon père, c'est toujours moi qui finis par pleurer.

Je vous raconte tout ça, je ne voudrais pas que vous pensiez que mes parents sont nuls ou qu'ils s'acharnent sur moi, non, non, ils sont super, enfin super … Ils sont normaux, quoi. C'est juste l'école qui gâche tout. D'ailleurs, c'était pour ça que je ne notais que la moitié des devoirs sur mon agenda l'année dernière, c'était pour éviter toutes ces crises et ces soirées de malheur. C'était vraiment la seule raison, mais je n'ai pas osé la dire à la directrice du collège quand je me suis retrouvé en larmes dans son bureau. C'est bête.

De toute façon, j'ai bien fait de me taire. Qu'est-ce qu'elle aurait compris, cette grosse dinde? Rien, puisqu'elle m'a renvoyé le mois suivant.

2f. **le Meccano:** (Metall-)Baukasten (Firmenname).
3 **géant, e:** riesig, gigantisch.
les Kaplas: naturbelassene oder farbige Holzplättchen, Holzbausteine (der Firmenname KAPLA ist abgeleitet vom niederländischen »KAbouter PLAnkjes«).
8 **être nul, le:** ein(e) Versager(in), eine Null, Niete sein.
9 **s'acharner sur qn:** verbissen, hartnäckig über jdn. herfallen, von jdm. nicht ablassen.
11 **gâcher:** verderben.
15f. **le collège:** Gymnasium mit Sekundarstufe.
19 **la grosse dinde** (fam.): dumme Pute.
20 **renvoyer:** entlassen, verweisen, feuern, rausschmeißen.

Elle m'a renvoyé à cause du sport.

Il faut dire que je déteste le sport presque autant que l'école. Pas tout à fait, mais presque. C'est sûr, vous me verriez, vous comprendriez mieux pourquoi les tatamis et moi, ça fait deux! Je ne suis pas très grand, pas très gros et pas très fort. Je dirais même plus: je ne suis pas très grand, pas très gros et tout mougoudou.

Ça m'arrive de mettre mes mains sur mes hanches et de me regarder dans la glace en gonflant mon torse. C'est assez surprenant, on dirait un ver de terre en train de faire du bodybuilding, ou bien celui qui veut s'engager dans *Astérix légionnaire*: on croit qu'il est un peu baraqué, mais quand il enlève son manteau en peau de bête, on se rend compte que c'est un pur gringalet. Quand je vois mon reflet, c'est à lui que je pense.

Mais, bon, je ne peux pas me prendre la tête avec *tout* dans la vie, il faut bien lâcher du lest sur certaines choses, sinon, je deviendrais carrément neuneu. Et le

5 **le tatami:** Turnmatte.
8 **mougoudou** (fam.): schlapp, schlaff, energielos.
9 **la hanche:** Hüfte.
10 **gonfler le torse:** sich in die Brust werfen (*le torse:* Oberkörper).
11 **le ver de terre:** Regenwurm.
14 **baraqué, e:** groß und kräftig, athletisch.
16 **le gringalet** (fam.): schmächtiges Männchen.
le reflet: Spiegelbild.
18 **se prendre la tête:** sich den Kopf zerbrechen.
19 **lâcher du lest:** Ballast abwerfen; (fig.) nachgeben, Kompromisse machen.
20 **carrément** (adv.): klar, deutlich; hier (fam.): einfach, glatt.
neuneu (fam.): plemplem.

lest, c'est en E.P.S. que je l'ai lâché l'année dernière. Rien que d'écrire ces mots, la banane me monte au visage ... Car c'est à Mme Berluron et à ses cours d'E.P.S. que je dois les plus merveilleux fous rires de ma vie.

Ça a commencé comme ça:

– Dubosc Grégoire, a-t-elle dit en zyeutant son carnet.

– Oui.

Je savais que j'allais encore foirer l'enchaînement et me couvrir de ridicule. Je me demandais quand tout cela finirait.

Je me suis avancé, et les autres se mettaient déjà à ricaner.

Mais ils ne se moquaient pas de ma nullité, pour une fois, ils riaient à cause de ma dégaine. J'avais oublié mes affaires, et comme c'était la troisième fois du trimestre, j'avais emprunté la tenue du frère de Benjamin pour ne pas être collé. (J'ai été plus collé en un

1 **E.P.S.:** Abk. für *Études Professionnelles Sports* (f., pl.): Sportstunde, -unterricht.
2 f. **la banane me monte au visage** (fam.): Schwierigkeiten, Hindernisse tauchen vor mir auf.
7 **zyeuter** (fam.): anglotzen, begaffen.
10 **foirer** (fam.): verpatzen.
un enchaînement: Abfolge, Aufeinanderfolge (der Turnübungen).
11 **se couvrir de ridicule:** sich blamieren.
14 **ricaner:** hämisch lachen, albern grinsen.
15 **la nullité:** Unfähigkeit, Versagen.
16 **la dégaine** (fam.): (lächerliche) Haltung, (komischer) Gang; hier: (komische) Aufmachung, Montur.
18 **la tenue:** Kleidung, Anzug; hier: Sportdress, -zeug.
19 **coller** (fam.): nachsitzen lassen.

an que vous ne le serez jamais de toute votre vie!) Ce que je ne savais pas, c'est que le frère de Benjamin était un clone du Géant vert et qu'il mesurait un mètre quatre-vingt-dix …

Me voilà donc en train de me dandiner dans un survêtement XXL et des tennis taille 45. Inutile de dire que j'avais mon petit succès …

– Qu'est-ce que c'est que cette tenue, encore? a gueulé la mère Berluron.

J'ai pris mon air niais, et j'ai dit:

– Ben, je comprends pas, madame, la semaine dernière, ça m'allait bien … Je comprends pas …

Elle semblait excédée:

– Vous allez me faire une double roulade avant, pieds joints.

J'ai fait une première galipette catastrophique, et j'ai perdu une tennis. J'ai entendu les autres se marrer, alors, pour leur faire plaisir, j'en ai fait une deuxième, et je me suis débrouillé pour envoyer l'autre godasse au plafond.

3 **le clone:** Klon.
le Géant vert: Gemeint ist vermutl. das grüne Riesenmonster Hulk aus der gleichnamigen Comic- und TV-Serie (*hulk*, angl.: Koloss, Trampel).
5 **se dandiner:** watscheln.
5 f. **le survêtement:** Trainingsanzug.
10 **niais, e:** dumm, einfältig, kindisch.
11 **ben** (fam.): *bien*.
13 **excédé, e:** gereizt, nervös, verärgert.
14 **la roulade avant:** Rolle vorwärts.
16 **la galipette:** Purzelbaum.
catastrophique: katastrophal.
17 f. **se marrer** (fam.): sich schieflachen.
20 **la godasse** (fam.): Latschen.

Quand je me suis relevé, on voyait un bout de mon slip parce que mon pantalon avait glissé. Mme Berluron était toute rouge, et ceux de ma classe, morts de rire. D'entendre tous ces rires, ça a été comme un déclic parce que, pour une fois, ce n'étaient pas des rires méchants, c'étaient des rires super, comme au cirque, et c'est à partir de ce cours-là que j'ai décidé d'être le clown du cours de gym. Le bouffon de Mme Berluron. D'entendre les gens rire grâce à vous, ça fait chaud au cœur et, après, c'est comme une drogue: plus les gens rient, plus vous avez envie de les faire rire.

Mme Berluron m'a collé si souvent qu'il n'y avait plus de pages dans mon carnet de correspondance. À la fin, je me suis même fait renvoyer à cause de tout ça, mais je ne regrette rien. Grâce à elle, je me suis senti un tout petit peu heureux à l'école, un tout petit peu utile.

Il faut dire que j'ai fichu un bazar pas possible. Avant, personne ne voulait de moi dans son équipe parce que j'étais trop nul, et, après, ils se battaient pour m'avoir parce qu'avec mes pitreries je déstabilisais les adversaires. Je me souviens d'un jour où l'on

2 **glisser:** (herunter)rutschen.
4 f. **le déclic:** Klicken; hier: Auslöser.
8 **le cours de gym** (fam.): Turnstunde (*la gym:* Kurzform von *gymnastique:* Gymnastik, Turnen).
le bouffon: Possenreißer; (fam.) Clown.
19 **ficher** (fam.): machen; hier: auslösen, verursachen, veranstalten.
20 **une équipe:** Mannschaft.
22 **les pitreries** (f.): dumme Späße.
22 f. **déstabiliser:** destabilisieren, durcheinanderbringen.

m'avait mis dans les buts … Quelle crise … Quand le ballon approchait, j'escaladais les filets de la cage comme un singe affolé en hurlant de terreur, et quand je devais le remettre en jeu, je me débrouillais toujours pour envoyer le ballon derrière moi et nous recoller un but direct.

Une fois même, je me suis jeté en avant pour récupérer un ballon. Bien sûr, je ne l'ai pas touché, mais quand je me suis relevé, je mâchais une touffe d'herbe, comme une vache, en faisant «meuhhhh». Ce jour-là, Karine Lelièvre a fait pipi dans sa culotte, et j'ai été collé deux heures … Mais ça valait le coup.

J'ai été renvoyé à cause du cheval d'arçon. C'est assez troublant d'ailleurs parce que, pour une fois, je ne faisais pas le mariolle. On devait sauter sur ce gros machin en mousse en s'accrochant aux poignées, et quand

1 **le but:** Tor (Fußball).
2 **escalader:** erklettern, erklimmen.
3 **affolé, e:** kopflos, erschreckt.
6 **recoller:** wieder ankleben; hier: schießen.
le but direct: Eigentor.
7f. **récupérer:** wiedererlangen, bekommen; hier: in den Griff bekommen, halten.
9 **mâcher:** kauen.
la touffe: Büschel.
12f. **valoir le coup:** die Sache wert sein, sich rentieren.
14 **le cheval d'arçon:** (Seit-)Pferd, Bock (Turngerät).
15f. **faire le mariolle:** sich wichtig tun; hier: den Clown spielen.
16f. **le machin** (fam.): Dingsda.
17 **la mousse:** hier: Schaumgummi, -stoff.
s'accrocher à qc: sich an etwas festklammern.
la poignée: Griff.

ça a été mon tour je m'y suis mal pris et je me suis fait hyper mal à la … enfin au … enfin, vous avez compris ce que je veux dire … J'avais la bistouquette en compote, quoi. Bien sûr, les autres ont cru que je faisais semblant de dire «ouyouyouyouyouoûûûûûû» pour les faire rire, et Berluron m'a traîné directement chez la dirlo. J'étais plié en deux de douleur, mais je n'ai pas pleuré.

Je ne voulais pas leur faire ce plaisir.

Mes parents non plus ne m'ont pas cru, et quand ils ont su que j'avais été mis à la porte pour de bon, ça a été ma fête. Pour une fois, ils criaient dans la même direction et ils s'en sont donné à cœur joie.

Quand enfin ils m'ont laissé repartir dans ma chambre, j'ai fermé la porte, et je me suis assis par terre. Je me suis dit: «Soit tu montes sur ton lit et tu pleures. Et tu aurais raison de pleurer parce que ta vie ne vaut rien et que toi non plus tu ne vaux rien et que tu pourrais mourir tout de suite sans problème. Soit tu te relèves et tu construis quelque chose.» Ce soir-là j'ai fabriqué une bête monstrueuse avec plein de cochonneries que

2 **hyper:** hyper-; hier: sehr, enorm.
3 **la bistouquette** (fam.): Pimmel.
3f. **avoir qc en compote:** sich etwas einquetschen (*la compote:* Mus).
7 **la dirlo** (fam.): Kurzform von *la directrice:* Schulleiterin.
être plié, e en deux de douleur: sich vor Schmerzen krümmen.
11 **pour de bon:** ernstlich, tatsächlich.
13 **s'en donner à cœur** (f.) **joie** (f.): seinem Herzen Luft machen.
16/19 **soit … soit:** entweder … oder.
21 **monstrueux, se:** ungeheuer, riesig.
la cochonnerie: Schmutz, Dreck; hier (fam.): Schweinerei.

j'avais récupérées sur un chantier, et je l'ai appelée la «Berlue-Poilue».

Ce n'était pas très malin, je vous l'accorde, mais ça m'a fait du bien et puis ça m'a évité de mouiller mon oreiller.

*

Le seul qui m'ait consolé à ce moment-là, c'est mon grand-père. Ce qui n'a rien d'étonnant d'ailleurs parce que mon grand-Léon m'a toujours consolé de tout depuis que je suis haut comme trois pommes et que j'ai l'âge de l'accompagner dans son cagibi.

Le cagibi de mon grand-Léon, c'est toute ma vie. C'est mon refuge et ma caverne d'Ali Baba. Quand ma grand-mère nous casse un peu les pieds, il se tourne vers moi et chuchote:

– Grégoire, ça te dirait, une petite virée à Léonland?

Et nous filons en douce sous les sarcasmes de ma grand-mère:

1 **le chantier:** Baustelle.
1f. **la berlue-poilue:** etwa: blindes und haariges Etwas.
9 **être haut, e comme trois pommes** (f.): ein Dreikäsehoch sein.
10 **le cagibi:** Kabuff, Verschlag, Schuppen.
12 **la caverne:** Höhle.
13 **casser les pieds** (fam.): auf die Nerven gehen, auf den Wecker fallen.
14 **chuchoter:** flüstern.
15 **la virée:** Spritztour.
16 **filer en douce** (fam.): sich heimlich, unauffällig verziehen, abhauen.
le sarcasme: beißender Spott, bitterer Hohn; sarkastische Bemerkung.

– C'est ça! Va donc intoxiquer ce petit …

Il hausse les épaules et répond:

– Je t'en prie Charlotte, je t'en prie. Nous nous isolons, Grégoire et moi, parce que nous avons besoin de calme pour réfléchir.

– Et pour réfléchir à quoi, on peut savoir?

– Moi, je réfléchis à ma vie passée, et Grégoire à sa vie future.

Ma grand-mère se retourne en ajoutant qu'elle préférerait être sourde plutôt que d'entendre ça. Ce à quoi mon grand-père répond toujours:

– Mais, mon cœur, tu es *déjà* sourde.

Mon grand-Léon est aussi bricoleur que moi, sauf que lui, en plus, il est intelligent. En classe, c'était une bête: il a toujours été le premier en tout et il m'a avoué un jour qu'il n'avait jamais travaillé le dimanche («Pourquoi? – Parce que je n'en avais pas envie, tiens.») Il était le premier en maths, en français, en latin, en anglais, en histoire, en tout! À dix-sept ans, il a été admis à l'École Polytechnique, qui est la plus difficile de France. Et ensuite, il a construit des choses gigantesques: des ponts, des

1 **intoxiquer:** vergiften; hier: verderben.
2 **hausser les épaules:** mit den Achseln zucken.
3f. **s'isoler:** sich zurückziehen.
13 **le bricoleur:** Bastler.
14 **en plus:** außerdem.
15 **la bête:** hier: Ass.
18 **tiens!:** sieh mal!, schau mal!, hörst du!
20 **l'École Polytechnique** (f.): Elite-Hochschule zur Ausbildung von Ingenieuren in Paris.
22 **gigantesque:** gigantisch, riesig.

échangeurs d'autoroutes, des tunnels, des barrages, etc. Quand je lui demande ce qu'il faisait exactement, il rallume son mégot et réfléchit tout haut:

– Je ne sais pas. Je n'ai jamais su définir ma fonction … Disons que l'on me demandait de relire des plans et de donner mon avis: est-ce que le truc en question allait se casser la gueule, oui ou non?

– C'est tout?

– C'est tout, c'est tout … C'est déjà pas mal, mon gars! Si tu dis non, et que le barrage s'effondre quand même, tu as vraiment l'air d'un con, crois-moi!

Le cagibi de mon grand-père est l'endroit où je suis le plus heureux au monde. Pourtant ce n'est pas grand-chose: un cabanon, fait de planches et de tôles ondulées, au fond d'un jardin, où l'on a trop froid l'hiver et trop chaud l'été. J'essaie d'y aller le plus souvent possible. Pour bricoler, pour emprunter des outils ou des morceaux de bois, pour voir mon grand-Léon au travail (en ce moment il construit un meuble sur mesure pour un restaurant), pour lui demander des conseils ou juste comme ça, pour rien. Pour le plaisir de venir

1 **un échangeur d'autoroutes** (f.): Autobahnkreuz.
le barrage: Staudamm, Talsperre.
3 **rallumer:** wieder anzünden.
le mégot (fam.): Zigarettenkippe.
7 **se casser la gueule** (pop.): verunglücken, sich den Hals brechen; hier: einstürzen, zusammenkrachen (*la gueule:* Maul).
10 **le gars** (fam.): Bursche, Kerl.
s'effondrer: zusammen-, einstürzen.
11 **le con** (fam.): Blödmann, Depp.
14 **le cabanon:** kleine Hütte.
14 f. **la tôle ondulée:** Wellblech.

m'asseoir dans un endroit qui me ressemble. Tout à l'heure, je vous parlais de l'odeur de l'école qui me donnait envie de vomir, eh bien, là, c'est le contraire, quand j'entre dans ce réduit encombré, j'ouvre grand mes narines pour respirer l'odeur du bonheur. L'odeur du cambouis, de la graisse, du radiateur électrique, du fer à souder, de la colle à bois, du tabac et du reste. C'est délicieux. Je me suis promis qu'un jour j'arriverais à la distiller et j'inventerais un parfum que j'appellerais «Eau de Cagibi».

Pour le respirer quand la vie me fera des misères.

Quand il avait su que je redoublais mon CE2, mon grand-Léon m'avait pris sur ses genoux et m'avait raconté l'histoire du lièvre et de la tortue. Je me souviens très bien comme j'étais blotti contre lui et combien sa voix était douce:

– Tu vois, mon grand, personne ne misait un ko-

3 **vomir:** sich übergeben, sich erbrechen.
4 **le réduit:** kleine Kammer; (fam.) Kabuff.
encombré, e: überfüllt, voll gestopft.
5 **la narine:** Nasenloch.
6 **le cambouis:** Schmieröl.
7 **le fer à souder:** Lötkolben.
la colle à bois (m.): Holzleim.
9 **distiller:** destillieren.
14 **l'histoire du lièvre et de la tortue:** die Geschichte vom Hasen und der Schildkröte; gemeint ist eine auf den griechischen Fabeldichter Äsop zurückgehende Tierfabel von Jean de La Fontaine, in der ein Hase und eine Schildkröte einen Wettlauf veranstalten, den die Schildkröte gewinnt.
15 **être blotti, e contre qn:** an jdn. gekuschelt sein.
17 **miser:** setzen (Wette).
17f. **le kopeck:** Kopeke; (fam.) roter Heller, Pfennig.

peck sur cette fichue tortue, elle était beaucoup trop lente … Et pourtant, c'est elle qui a gagné … Et tu sais pourquoi elle a gagné? Elle a gagné parce que c'était une petite bonne femme courageuse et vaillante. Et toi aussi, Grégoire, tu es courageux … Je le sais, je t'ai vu à l'œuvre. Je t'ai vu rester des heures et des heures dans le froid à poncer un bout de bois ou à peindre tes maquettes … Pour moi, tu es comme elle.

– Mais on nous demande jamais de poncer à l'école! avais-je répondu en sanglotant. On nous demande que des trucs impossibles à faire!

Quand il a appris pour la sixième, ce n'était plus le même son de cloche.

Je suis arrivé chez eux comme d'habitude, et il ne m'a pas répondu quand je l'ai salué. Nous avons mangé en silence et, après le café, il ne se décidait pas à sortir.

– Grand-Léon?

– Quoi?

– On va au cagibi?

– Non.

– Pourquoi non?

– Parce que ta mère m'a annoncé la mauvaise nouvelle …

– …

1 **fichu, e** (fam.): blöd, verdammt, verflixt.
4 **vaillant, e:** tapfer, beherzt.
7 **poncer:** (ab)schmirgeln.
8 **la maquette:** Modell; Modellflugzeug.
10 **sangloter:** schluchzen.
12 f. **ce n'était plus le même son de cloche** (fig.): es war nicht mehr das Gleiche, es war ganz anders (*le son de cloche:* Glockenklang).

– Je ne te comprends pas! Tu détestes l'école, et tu fais tout pour y rester le plus longtemps possible …

Je ne répondais rien.

– Mais tu n'es pas aussi abruti qu'on le dit, quand même! … Si, tu l'es?

Il me parlait durement.

– Oui.

– Oh que ça m'énerve, ça! Bien sûr, c'est plus facile de se dire qu'on est nul et ne rien faire! Bien sûr! C'est une fatalité! C'est si simple de penser qu'on est maudit! Alors quoi? Quels sont tes projets maintenant? Tu vas redoubler la cinquième, et puis la quatrième et, avec un peu de chance, tu auras ton bac pour tes trente ans!

Je tripotais le coin d'un coussin sans oser lever les yeux.

– Non, vraiment, je ne te comprends pas. En tout cas, ne compte plus sur le vieux Léon. J'aime les gens qui prennent leur vie en main, moi! Je n'aime pas les feignants qui se font plaindre, et puis qui sont renvoyés pour indiscipline! Ça n'a pas de sens! Renvoyé d'abord, et redoublant ensuite. Bravo! Joli tableau. Je te félicite. Quand je pense que je t'ai toujours dé-

4 **abruti, e** (fam.): blöd, doof.
10 **la fatalité:** Schicksal, Verhängnis.
11 **maudit, e:** verflucht, verdammt.
13 **le bac** (fam.): Kurzform von *baccalauréat:* Abi(tur).
15 **tripoter qc** (fam.): etwas befummeln, an etwas herumspielen.
le coussin: Kissen.
20 **le feignant:** *le fainéant:* Faulenzer, Tagedieb, Nichtstuer.
21 **une indiscipline:** Disziplinlosigkeit.
22 **joli tableau** (m.; fam.): hier (iron.): saubere Leistung.

fendu … Toujours! Je disais à tes parents d'avoir confiance, je te trouvais des excuses, je t'encourageais! Je vais te dire quelque chose, mon ami: c'est plus facile d'être malheureux qu'heureux, et moi, tu m'entends, je n'aime pas les gens qui choisissent la facilité, je n'aime pas les geignards! Sois heureux, merde! Fais ce qu'il faut pour être heureux!

Et il s'est mis à tousser. Ma grand-mère a accouru, et je suis sorti.

Je suis allé dans le cagibi. J'avais très froid. Je me suis assis sur un vieux bidon, et je me suis demandé ce que je pouvais bien faire pour prendre ma vie en main.

Je voulais bien *tout* construire, mais là, j'avais un problème: je n'avais ni projet, ni modèle, ni plans, ni matériaux, ni outils, ni rien. J'avais juste un poids énorme sur le cœur qui m'empêchait de pleurer. Avec mon Opinel, j'ai gravé quelque chose sur l'établi de mon grand-père, et je suis reparti chez moi sans leur dire au revoir.

*

À la maison, la crise a été plus longue, plus bruyante et plus angoissante encore que d'habitude. On était à

5f. **la facilité:** Leichtigkeit; hier: Bequemlichkeit.
6 **le geignard** (fam.): Jammerlappen.
8 **accourir:** herbeieilen.
11 **le bidon:** Kanister.
18 **Opinel:** Firmenname eines Taschenmessers.
un établi: Werk-, Hobelbank.
21 **bruyant, e:** laut, geräuschvoll, lärmend.
22 **angoissant, e:** beängstigend, beklemmend.

la fin du mois de juin, et aucun collège ne voulait me prendre en septembre. Mes parents s'arrachaient les cheveux et se crêpaient le chignon. C'était fatigant. Et moi, je me tassais tous les jours un peu plus. Je me disais qu'à force de me faire tout petit comme ça, à force d'essayer de me faire oublier, j'allais peut-être finir par disparaître complètement et que tous mes problèmes seraient résolus d'un coup.

J'avais été renvoyé le 11 juin. Au début, je suis resté à traîner chez moi toute la journée. Le matin, je regardais la Cinquième ou les Téléachats (ils ont toujours des objets incroyables, aux Téléachats) et l'après-midi je relisais des vieilles bédés ou j'avançais un puzzle de 5000 pièces que m'avait offert ma tante Fanny.

Mais j'en ai eu vite marre. Il fallait que je me trouve quelque chose pour m'occuper les mains ... Alors, j'ai inspecté la maison pour voir s'il n'y avait pas des améliorations à envisager. J'avais souvent entendu ma mère se plaindre du repassage en disant que son rêve serait de pouvoir le faire assise. Je me suis donc attelé au problème.

2f. **s'arracher les cheveux:** sich die Haare raufen.
3 **se crêper le chignon** (fam.): einander in die Haare kriegen, sich in die Wolle geraten (*le chignon:* Haarknoten, Dutt).
4 **se tasser:** gebeugt, kleiner werden, in sich zusammensacken.
11 **les Téléachats** (m., pl.): Teleshopping (TV-Sendung).
13 **les bédés** (f.): Kurzform von *bandes dessinées:* Comics.
avancer: voranbringen.
18 **une amélioration:** Verbesserung.
envisager: beabsichtigen, vorhaben; hier: in Betracht ziehen.
19 **le repassage:** Bügeln, Plätten.
21 **s'atteler à qc:** sich mit etwas befassen.

J'ai démonté le pied de la table à repasser, qui l'aurait empêchée de glisser ses jambes dessous, j'ai calculé la hauteur, et je l'ai fixée sur quatre pieds en bois comme s'il s'était agi d'un bureau normal. Ensuite, j'ai récupéré les petites roues d'une vieille table roulante que j'avais trouvée sur le trottoir d'en face la semaine d'avant, et je les ai fixées sur une chaise dont on ne se servait plus. Je lui ai même arrangé le plateau où elle posait son fer parce qu'elle venait de changer de modèle. Elle s'était acheté une centrale vapeur Moulinex, et je me doutais que le plateau ne serait plus assez solide. Ça m'a pris deux bonnes journées. Après, je me suis attaqué au moteur de la tondeuse. Je l'ai entièrement démonté, nettoyé, puis remonté pièce par pièce. Elle a démarré du premier coup. Mon père ne voulait pas me croire, mais je savais bien que ce n'était pas la peine de la ramener chez Jardiland, que c'était juste un problème de saleté.

Ce soir-là, au dîner, l'ambiance était plus détendue. Ma mère m'avait fait un croque-madame, mon plat

1 **démonter:** abmontieren.
la table à repasser: Bügeltisch (*repasser:* bügeln).
8f. **le plateau:** Platte, Abstellfläche.
10f. **la centrale vapeur:** Dampfbügeleisen.
11 **se douter:** ahnen, vermuten, sich denken können.
13 **s'attaquer à qc:** etwas in Angriff nehmen; (fam.) sich an etwas machen.
13f. **la tondeuse:** hier: Rasenmäher.
15 **démarrer:** anspringen (Motor).
20 **détendu, e:** entspannt, locker.
21 **le croque-madame:** *le croque-monsieur:* getoastetes Schinken-Käse-Sandwich; auf den *croque-madame* kommt noch ein Spiegelei.

préféré, pour me remercier, et mon père n'avait pas allumé la télé.

C'est lui qui a parlé le premier:

– Tu vois, ce qui est agaçant avec toi, bonhomme, c'est que tu es doué quand même … Alors, qu'est-ce qu'on peut faire pour toi, pour t'aider? Tu n'aimes pas l'école, c'est un fait. Mais l'école est obligatoire jusqu'à seize ans, tu le sais, ça?

J'ai hoché la tête.

– C'est un cercle vicieux: moins tu travailles, et plus tu détestes l'école; plus tu la détestes, et moins tu travailles … Comment vas-tu t'en sortir?

– Je vais attendre d'avoir seize ans, et je remonterai mes manches.

– Mais tu rêves, là! Qui t'embauchera?

– Personne, je le sais, mais j'inventerai des choses, et j'en fabriquerai d'autres. Je n'ai pas besoin de beaucoup d'argent pour vivre.

– Oh, ne crois pas ça! Bien sûr, tu n'as pas besoin d'être aussi riche que l'oncle Picsou, mais il t'en faudra quand même plus que tu ne penses. Il te faudra acheter des outils, un atelier, un camion … que sais-je encore? Peu importe, laissons là cette histoire d'ar-

4 **agaçant, e:** ärgerlich, auf die Nerven gehend.
le bonhomme: (fam.) Kerl, Bürschchen.
5 **doué, e:** begabt.
9 **hocher la tête:** den Kopf schütteln; zögernd nicken.
10 **le cercle vicieux:** Teufelskreis (*vicieux, se:* lasterhaft; fehlerhaft).
13 f. **remonter ses manches** (f.): (fig.) die Ärmel hochkrempeln.
15 **embaucher qn:** jdn. ein-, anstellen.
20 **l'oncle Picsou:** französischer Name von Dagobert Duck, dem steinreichen und geizigen Onkel von Donald Duck (Wortspiel mit *piquer des sous,* fam.: Geld klauen).
23 **peu importe:** das ist nicht so wichtig, hat wenig zu bedeuten.

gent pour le moment, ce n'est pas ça qui me préoccupe. Parlons plutôt de tes études … Grégoire, ne fais pas la grimace comme ça, regarde-moi, s'il te plaît. Tu n'arriveras à rien sans un minimum de connaissances. Imagine que tu inventes un truc formidable. Il faudra que tu déposes un brevet, n'est-ce pas? Et donc que tu le rédiges en français correct … Et puis, on n'apporte pas une invention comme ça, il faudra des plans, des échelles, des cotes pour être pris au sérieux, sinon tu vas te faire piquer ton idée en moins de deux …

– Tu crois?

– Je ne crois pas, j'en suis sûr.

Tout cela me laissait perplexe, je sentais confusément qu'il avait raison.

– Parce que, vous savez, j'en ai une d'invention qui pourrait assurer ma richesse et celles de mes enfants, et même la vôtre peut-être …

– De quoi s'agit-il? demanda ma mère en souriant.

– Vous me jurez de garder l'info top secret?

– Oui, dirent-ils ensemble.

– Jurez-le.

1f. **préoccuper qn:** jdn. stark beschäftigen, jdm. Sorgen machen.
2f. **faire la grimace:** ein schiefes Gesicht machen, das Gesicht verziehen.
6 **déposer un brevet:** ein Patent anmelden.
7 **rédiger:** ver-, abfassen.
9 **une échelle:** Leiter; hier: Skala.
la cote: Kursnotierung; hier: Bewertung.
10 **piquer** (fam.): klauen, stibitzen.
10f. **en moins de deux:** im Nu, im Handumdrehen.
14 **perplexe:** ratlos, hilflos, verlegen.
20 **une info** (fam.): Kurzform von *information:* Auskunft, Mitteilung.

– Je le jure.

– Moi aussi.

– Non, dis «Je le jure», maman.

– Je le jure.

– Alors voilà ... En fait, ce serait des chaussures spécialement conçues pour les gens qui marchent en montagne ... Il y aurait un petit talon amovible. Tu le mettrais en position normale quand tu grimpes, tu l'enlèverais quand c'est plat, et tu le repositionnerais au moment de descendre, mais pas au même endroit, devant, sous les orteils, comme ça, tu resterais toujours en équilibre ...

Mes parents ont acquiescé.

– C'est pas idiot, son truc, a dit ma mère.

– Il faudrait que tu te mettes en cheville avec un magasin comme Décathlon ...

Ça me faisait plaisir de sentir qu'ils s'intéressaient à moi. Mais le charme a été rompu quand mon père a ajouté:

– Et pour commercialiser ta merveille, il faudra que tu sois bon en maths, en informatique et en éco-

6 **concevoir:** planen, entwerfen.
7 **le talon:** (Schuh-)Absatz.
amovible: beweglich, verstellbar.
8 **grimper:** klettern.
9 **repositionner:** wieder in die alte Stellung bringen.
11 **un orteil:** Zeh.
12 **un équilibre:** Gleichgewicht.
13 **acquiescer:** zustimmen, einwilligen; sein Einverständnis erklären.
15 **se mettre en cheville** (f.): Kontakt aufnehmen, kontaktieren.
18 **le charme a été rompu:** die Illusion war zerstört.
20 **commercialiser:** in den Handel bringen, vermarkten.
la merveille: Wunderwerk.
21 **l'informatique** (f.): Informatik; EDV.

nomie ... Tu vois, on en revient à ce que je te disais tout à l'heure ...

J'ai continué à m'agiter comme ça jusqu'à la fin du mois de juin. J'ai aidé nos nouveaux voisins à déblayer leur jardin. J'ai arraché tant de mauvaises herbes que mes doigts avaient enflé et étaient devenus verdâtres. On aurait dit les mains de Hulk.

Nos voisins s'appelaient M. et Mme Martineau. Ils avaient un fils, Charles, qui avait juste un an de plus que moi. Mais je ne m'entendais pas avec lui. Il était toujours scotché à sa console ou à ses feuilletons débiles et, à chaque fois qu'il m'adressait la parole, c'était pour me demander en quelle classe je serais l'année prochaine. Ça devenait légèrement agaçant, à la fin.

Ma mère continuait de passer des coups de téléphone pour trouver l'établissement qui aurait la grande, l'immense bonté de daigner m'accepter en septembre. Tous les matins, nous recevions des tonnes de prospectus dans la boîte aux lettres. Des belles photos sur papier glacé qui vantaient les mérites de tel ou tel collège.

4f. **déblayer:** frei machen, aufräumen; hier: in Ordnung bringen.
7 **verdâtre:** grünlich, aschgrau.
10 **s'entendre avec qn:** sich mit jdm. verstehen, mit jdm. auskommen.
11 **scotcher:** ›kleben‹, (stur) verharren.
la console: Spielkonsole.
le feuilleton: Fortsetzungsroman; hier: Sendereihe.
11f. **débile:** blöd, doof, schwachsinnig.
17 **daigner:** geruhen, sich herablassen.
19f. **le papier glacé:** Glanzpapier.
20 **vanter:** loben, (an)preisen.

C'était pathétique et totalement mensonger. Je les feuilletais en secouant la tête, je me demandais surtout comment ils avaient fait pour prendre en photo des élèves en train de sourire. Soit ils les avaient payés, soit on était en train de leur annoncer que leur prof de français venait de tomber dans un ravin. Il n'y avait qu'une école qui me plaisait, mais elle était située à Pétaouchnoque-les-Oies, du côté de Valence. Sur les photos, les élèves n'étaient pas assis derrière un pupitre à sourire niaisement. On les voyait dans une serre, en train de rempoter des plantes ou à côté d'un établi en train de couper des planches de bois, et eux, ils ne souriaient pas, ils étaient concentrés. Ça avait l'air pas mal, mais c'était un lycée technique.

Mon mal de ventre revenait sans crier gare.

M. Martineau m'a fait une proposition: l'aider à décoller son vieux papier peint contre un salaire. J'ai accepté. Nous sommes allés chez Kiloutou, et nous avons loué deux décolleuses à vapeur. Sa femme et Charles étaient partis en vacances et mes parents travaillaient. Nous étions tranquilles.

1 **pathétique:** ergreifend, bewegend; hier: hochtrabend.
mensonger, ère: lügnerisch, erlogen.
6 **le ravin:** Schlucht.
8 **Pétaouchnoque-les-Oies:** etwa: Wolkenkuckucksheim, Krähwinkel.
Valence: Stadt an der Rhône südlich von Lyon.
11 **la serre:** Gewächshaus.
rempoter: umtopfen.
15 **sans crier gare:** unvermutet, unerwartet, ohne vorherige Warnung.
16 f. **décoller:** ablösen, entfernen.
17 **le papier peint:** Tapete.
19 **la décolleuse à vapeur:** Dampfgerät zum Entfernen von Tapeten.

Nous avons fait du bon boulot; mais quelle fatigue! Surtout que c'était la canicule. Être dans la vapeur quand il fait 30° à l'ombre, je ne vous dis pas … Un vrai sauna! J'ai bu de la bière pour la première fois de ma vie et j'ai détesté ça.

Grand-Léon, qui passait par là, est venu nous donner un coup de main. M. Martineau était ravi. Il disait: «Nous sommes des travailleurs de force, mais vous, vous êtes un homme de l'art, monsieur Dubosc …» En effet, mon grand-père a mis son nez dans tous les problèmes délicats de plomberie et d'électricité pendant que nous suions à grosses gouttes en proférant des tonnes de gros mots.

M. Martineau disait souvent: «merdus merda merdum merdorum merdis merdis» (c'est du latin).

Finalement, mes parents m'ont inscrit au collège Jean-Moulin, juste à côté de chez nous. Au début, ils ne voulaient pas m'y envoyer parce qu'il a mauvaise réputation. Il paraît que le niveau est nul et que les élèves se font racketter, mais comme c'était le seul à m'accepter, ils n'ont pas eu le choix. Ils ont déposé

1 **le boulot** (fam.): Arbeit, Job.
2 **la canicule:** Hundstage.
7 **donner un coup de main:** zur Hand gehen, helfen, unterstützen. **ravi, e:** entzückt, begeistert.
11 **la plomberie:** Installation, Klempnerei.
12 **suer à grosses gouttes:** vor Schweiß triefen.
12f. **proférer:** aussprechen, -stoßen.
13 **le gros mot:** Schimpfwort, Fluch.
15 **merdus merda …:** ans Lateinische angelehnte Deklination (*merda, ae*, f.; lat.: Kot, Exkremente).
20 **racketter:** Schutzgeld erpressen.

mon dossier scolaire et je suis allé au Photomaton me faire tirer le portrait. J'avais vraiment une sale gueule sur ces petites photos. Je me disais qu'ils allaient être contents de leur nouvelle recrue au collège Jean-Moulin: un mec de treize ans en sixième avec les mains de Hulk et la tête de Frankenstein … Ça, c'était une bonne affaire!

Le mois de juillet a filé à toute allure. J'ai appris à poser du papier peint. J'ai appris à badigeonner les lés de colle (j'ai appris le mot «lé»!). J'ai appris à les replier convenablement, à manier la roulette pour écraser les bords et à maroufler pour éviter les cloques. J'ai appris des tonnes de choses. Je peux dire aujourd'hui que je suis un as de la colle Perfax et du papier à rayures. J'ai aidé mon grand-père à démêler des fils électriques et à faire des essais:

1 **le dossier scolaire:** schulische Unterlagen, Zeugnisheft.
4 **la recrue:** Rekrut; hier: Mitglied, Schüler.
5 **le mec** (fam.): Kerl, Typ.
8 **à toute allure:** im Eiltempo.
9 **badigeonner:** tünchen, weißen, bepinseln; hier: (mit Leim) beschmieren.
le lé: (Tapeten-)Bahn.
11 **convenablement** (adv.): ordentlich, angemessen; hier: fachmännisch.
manier qc: etwas handhaben, mit etwas umgehen.
la roulette: (Tapeten-)Rad, Rolle.
11 f. **écraser:** andrücken.
12 **maroufler:** aufleimen, aufziehen.
la cloque: (Luft-)Blase.
15 **la rayure:** Streifen.
démêler: entwirren.
16 **le fil électrique:** Kabel.

– Ça marche?
– Non.
– Et là?
– Non.
– Merde. Et là?
– Oui.

J'ai préparé des sandwichs de soixante centimètres de long, j'ai verni des portes, changé des fusibles et écouté Les Grosses Têtes pendant un mois. Un mois de bonheur.

Il aurait fallu que ça ne s'arrête jamais, et qu'en septembre je commence un autre chantier avec un autre patron ... C'était ce à quoi je pensais quand je mordais dans mon sandwich au saucisson: encore trois ans à tirer, et bonsoir la compagnie.

Trois ans, c'est long.

Et puis il y avait autre chose qui me tracassait, c'était la santé de grand-Léon. Il toussait de plus en plus souvent, de plus en plus longtemps et s'asseyait pour un oui ou pour un non. Ma grand-mère m'avait fait promettre que je l'empêcherais de fumer mais je n'y arrivais pas. Il me répondait:

– Laisse-moi ce plaisir, Toto. Après, je serai mort.

8 **vernir:** lackieren.
le fusible: Sicherung.
9 **Les Grosses Têtes** (f., pl.): beliebte Quiz-Sendung von RTL-Radio.
15 **tirer** (fam.): durchhalten (müssen).
17 **tracasser:** beunruhigen, Sorgen machen.
19f. **pour un oui ou pour un non:** bei der geringsten Kleinigkeit.
23 **Toto:** typische Figur in Kinderwitzen (wie das deutsche Fritzchen).

Ce genre de réponse me rendait fou.

– Non, Toto, c'est *à cause* de ce plaisir que tu vas mourir!

Il rigolait:

– Depuis quand tu te permets de m'appeler Toto, Toto?

Quand il me souriait comme ça, je me souvenais qu'il était la personne que j'aimais le plus au monde et qu'il n'avait pas le droit de mourir. Jamais.

Le dernier jour, M. Martineau nous a invités, mon grand-père et moi, dans un très bon restaurant et ils ont fumé deux super gros cigares après le café. Je n'osais pas penser au chagrin de sa Lolotte si elle avait vu ça …

Au moment de nous séparer, mon voisin m'a tendu une enveloppe:

– Tiens. Tu l'as bien mérité, va …

Je ne l'ai pas ouverte tout de suite. Je l'ai ouverte sur mon lit quand je suis revenu chez moi. Elle contenait deux cents euros. Quatre billets orange … Ça m'a laissé tout abasourdi: je n'avais jamais eu ni même vu autant d'argent de ma vie. Je ne voulais pas en parler à mes parents parce qu'ils allaient me casser les pieds avec mon livret de caisse d'épargne. J'ai caché les billets dans un endroit où personne au monde n'aurait eu l'idée de les chercher et j'ai commencé à cogiter, cogiter, cogiter …

21 **abasourdi, e:** verblüfft, verdutzt.
21 f. **ni même:** und auch nicht, geschweige denn.
24 **le livret de caisse d'épargne:** Sparbuch.
27 **cogiter:** nachdenken, überlegen.

Qu'est-ce que j'allais bien pouvoir m'acheter avec tout ça? Des moteurs pour mes maquettes? (Ça vaut la peau des … euh … du dos.) Des bandes dessinées? Le logiciel «Cent constructions extraordinaires»? Un blouson Timberland? Une scie sauteuse pendulaire Bosch?

Ces quatre gros billets me donnaient le tournis, et quand nous avons fermé la maison le 31 juillet au soir pour partir en vacances, j'ai passé plus d'une heure à chercher une planque assez sûre. J'étais comme ma mère qui tournait en rond avec les chandeliers en argent de sa grand-tante entre les mains. Je crois que nous étions un peu ridicules tous les deux. Je crois que les voleurs sont toujours plus malins que nous …

*

Je n'ai rien d'extraordinaire à vous raconter à propos de ce mois d'août. Je l'ai juste trouvé bien long et bien ennuyeux. Comme tous les ans, mes parents avaient loué un appartement en Bretagne et, comme tous les ans, j'ai dû remplir des pages et des pages de cahier de vacances.

Passeport pour la sixième, le Retour.

2f. **valoir la peau du dos** (fam.): wahnsinnig teuer sein.
4 **le logiciel:** Software.
5 **la scie sauteuse pendulaire:** Pendelhub-Stichsäge.
7 **donner le tournis** (fam.): schwindlig machen (*le tournis:* Drehkrankheit).
10 **la planque:** Versteck.
11 **le chandelier:** Kerzenleuchter.
20 **remplir:** hier: vollschreiben.

Je passais des heures à mâchonner mon stylo en regardant les mouettes. Je rêvais que je me transformais en mouette. Je rêvais que je volais jusqu'au phare rouge et blanc, tout là-bas. Je rêvais que je devenais copine avec une hirondelle et qu'au mois de septembre, le 4 par exemple – comme par hasard juste le jour de la rentrée! –, nous partions ensemble pour les pays chauds. Je rêvais que je traversais les océans, je rêvais que nous all…

Et je secouais la tête pour revenir à la réalité.

Je relisais mon problème de maths, une histoire débile de sacs de plâtre à empiler, et je rêvais encore: une mouette venait s'oublier sur l'énoncé … Splotch! une grosse fiente blanche qui pourrirait toute la page.

Je rêvais à tout ce que je pouvais faire avec sept sacs de plâtre …

Bref, je rêvais.

Mes parents ne surveillaient pas de trop près mon travail. C'étaient leurs vacances à eux aussi, et ils n'avaient pas envie de prendre un coup de chaud en essayant de déchiffrer mes pattes de mouche. Tout ce

1 **mâchonner:** kauen.
2 **la mouette:** Möwe.
5 **une hirondelle:** Schwalbe.
7 **la rentrée:** Wiederbeginn der Schule (nach den Ferien).
12 **le plâtre:** Gips.
empiler: stapeln, aufschichten.
un énoncé: Ausdruck, Äußerung; hier: Text.
13 **splotch!:** platsch!
14 **la fiente:** Kot(fleck).
pourrir: beschmutzen.
20 **prendre un coup de chaud:** einen Hitzschlag bekommen.
21 **les pattes** (f.) **de mouche** (f., pl.; fam.): Gekritzel, Gekrakel.

qu'ils exigeaient de moi, c'était que je reste enfermé tous les matins, le cul sur une chaise et derrière un bureau.

Tout cela n'avait aucun sens. Je recouvrais les pages de ce fichu cahier de dessins, de croquis et de plans délirants. Je ne m'ennuyais pas, c'était juste que ma vie ne me faisait aucun effet. Je me disais: être là ou ailleurs, quelle importance? Je me disais aussi: être ou n'être pas, quelle importance? (Comme vous pouvez le constater, je suis une quiche en maths, mais je me défends pas mal en philosophie!)

L'après-midi, j'allais à la plage avec ma mère ou avec mon père, mais jamais avec les deux en même temps. Ça aussi, ça faisait partie de leur plan de vacances: ne pas être obligés de se supporter toute la journée. Il se passait quelque chose de pas vraiment génial entre mes parents. Il y avait souvent des sous-entendus, des réflexions ou des remarques piquantes qui nous plongeaient tous dans un profond silence. Nous étions une famille toujours de mauvaise humeur. Je rêvais de rires

1 **exiger:** verlangen, fordern.
2 **le cul** (pop.): Arsch.
5 **le croquis:** Skizze, Entwurf.
6 **délirant, e** (fam.): phantastisch; hier: verrückt.
10 **la quiche:** (lothringischer) Speckkuchen; hier (fam.): Flasche, Versager.
10f. **se défendre** (fam.): sich tapfer durchschlagen, ganz gut zurechtkommen.
15 **se supporter:** sich gegenseitig ertragen (müssen).
17 **le sous-entendu:** Anspielung, Andeutung.
18 **piquant, e:** bissig, boshaft, spitz.
18f. **plonger:** tauchen, versinken lassen.

et de blagues à table, comme dans la pub pour «L'ami du petiiiit déjeuner, l'amiii Ricoréééé», mais je ne me faisais aucune illusion.

Quand il a fallu faire nos valises et ranger la maison, il y a eu comme un soulagement dans l'air. C'était débile. Dépenser tant d'argent et partir si loin pour être finalement soulagé de rentrer … Je trouvais ça débile.

*

Ma mère a récupéré ses chandeliers, et moi mes sous. (Maintenant je peux vous le dire, j'avais roulé les billets, et je les avais glissés dans la sarbacane de mon vieil Action man!)

Les feuilles ont jauni, et mon mal de ventre est revenu.

J'allais donc au collège Jean-Moulin.

Je n'étais pas le plus vieux de ma classe, et encore moins le plus nul. Je me la coulais douce. Je restais dans le fond et j'évitais de croiser la route des gros caïds de l'école. J'ai abandonné l'idée d'un blouson

1 **la blague** (fam.): Witz, Spaß.
la pub (fam.): Kurzform von *publicité:* Reklame, Werbung.
2 **l'ami Ricoré:** Erkennungslied einer Frühstückswerbesendung (*Ricoré:* Markenname eines Kaffee-Ersatz-Getränks).
5 **le soulagement:** Erleichterung, Linderung.
10 **glisser:** schieben, stecken.
la sarbacane: Blasrohr.
11 **Action man:** Spielzeugfigur.
16 **se la couler douce** (fam.): sich ein angenehmes Leben machen, sein Leben genießen, eine ruhige Kugel schieben.
18 **le caïd:** Bandenchef, Rädelsführer.

Timberland parce que je me doutais bien que je ne l'aurais pas gardé très longtemps par ici …

L'école ne me rendait plus tellement malade, pour la bonne raison que je n'avais plus l'impression d'aller à l'école. J'avais l'impression d'aller dans une espèce de garderie-zoo, où l'on parquait deux mille adolescents du matin jusqu'au soir. Je végétais en permanence. J'étais choqué par la façon dont certains élèves s'adressaient aux profs. Je bougeais le moins possible. Je comptais les jours.

À la mi-octobre, ma mère a pris un coup de sang. Elle ne supportait plus l'absence de mon (ou ma, je n'ai jamais su!) prof de français. Elle ne supportait plus mon vocabulaire, elle disait que je devenais de plus en plus bête chaque jour. Bête à manger du foin. Elle ne comprenait pas pourquoi je ne ramenais jamais de notes, et surtout, elle devenait hystérique quand elle venait me chercher à cinq heures et qu'elle voyait des garçons de mon âge en train de fumer des joints sous les arcades de la galerie marchande.

6 **la garderie-zoo:** Schülerzoo (*la garderie:* Kinderhort).
parquer: zusammenpferchen.
7 **végéter:** dahinvegetieren, (kümmerlich) leben.
en permanence (f.): ständig, dauernd.
11 **prendre un coup de sang** (m.): einen Schlaganfall, Hirnschlag bekommen; hier: einen Wutanfall bekommen.
15 f. **bête à manger du foin** (fam.): dumm wie Bohnenstroh (*le foin:* Heu).
20 **le joint** (fam.): Joint, Haschischzigarette.
les arcades (f.): Arkaden, Bogengang.

Donc, grosse crise à la maison. Cris, larmes et morve à volonté.

Et, en conclusion, la pension.

Après une soirée houleuse, mes parents avaient décidé d'un commun accord de m'envoyer en pension. Super.

Cette nuit-là, j'ai serré les dents.

Le lendemain, c'était mercredi. Je suis allé chez mes grands-parents. Ma grand-mère m'avait préparé des petites pommes sautées comme j'aime et mon grand-Léon n'osait pas m'adresser la parole. L'ambiance était morose. Après le café, nous sommes allés dans son cagibi. Il a glissé une cigarette entre ses lèvres sans l'allumer.

– J'arrête, m'a-t-il avoué. Je ne fais pas ça pour moi, tu penses, je fais ça pour mon emmerdeuse de femme …

J'ai souri.

Ensuite il m'a demandé de l'aider à visser des charnières; et quand, enfin, j'ai eu l'esprit bien occupé, il a commencé à me parler tout doucement:

2 **la morve:** Nasenschleim; (fam.) Rotz.
à volonté (f.): nach Belieben, nach Wunsch; beliebig viel.
3 **en conclusion** (f.): folglich.
la pension: Internat.
4 **houleux, se:** unruhig, stürmisch.
5 **d'un commun accord:** im gegenseitigen Einvernehmen, einvernehmlich.
10 **les pommes sautées:** Brat-, Schwenkkartoffeln.
12 **morose:** griesgrämig, verdrießlich; (fam.) mies.
16 **une emmerdeuse** (pop.): Nervensäge.
19 **visser:** an-, festschrauben.
19f. **la charnière:** Scharnier.

– Grégoire?
– Oui.
– Alors, tu vas aller en pension, on m'a dit?
– …
– Ça ne te plaît pas?
– …

Je préférais me taire. Je n'avais plus envie de chialer comme un gros bébé de CE2.

Il a pris le battant que je tenais entre les mains, l'a posé, et il a relevé ma tête vers lui en m'attrapant par le menton.

– Écoute-moi, Toto, écoute-moi bien. Je sais plus de choses que tu ne crois. Je sais combien tu détestes l'école, et je sais aussi ce qui se passe chez toi. Enfin, je ne le sais pas, mais je m'en doute. Je veux dire entre tes parents … J'imagine bien que ce ne doit pas être rigolo tous les jours …

Je grimaçais.

– Grégoire, tu dois me faire confiance, c'est moi qui ai eu cette idée de pension, c'est moi qui ai mis cette idée à germer dans le crâne de ta mère … Ne me regarde pas comme ça. Je pense que ce serait bien pour toi de partir un peu, de prendre l'air, de voir autre chose. Tu étouffes entre tes parents. Tu es leur fils unique, ils n'ont que toi, et ils ne voient que par toi.

7 f. **chialer** (fam.): heulen, flennen.
9 **le battant:** Tür-, Fensterflügel.
17 **rigolo:** spaßig, lustig.
18 **grimacer:** das Gesicht (zur Grimasse) verziehen.
21 **germer:** keimen.
le crâne: Schädel.
23 **prendre l'air:** frische Luft schnappen; (fig.) sich frischen Wind um die Nase wehen lassen.

Ils ne se rendent pas compte du mal qu'ils te font à tant miser sur toi. Non, ils ne se rendent pas compte. Je crois que le mal est plus profond que ça ... Je crois qu'ils devraient commencer par régler leurs propres problèmes avant de s'exciter sur ton cas. Je ... Oh non, Grégoire, ne fais pas cette tête-là. Non, mon grand, je ne voulais pas te faire de peine, je voulais juste que tu ... Oh, et puis merde! Je ne peux même plus te prendre sur mes genoux! Tu es trop grand maintenant. Attends, écarte un peu les bras là, c'est moi qui vais venir sur les tiens ... Non, ne pleure pas. Ce serait trop triste ...

– C'est pas du chagrin, grand-Léon, c'est juste de l'eau qui déborde ...

– Oh, mon grand, mon tout petit ... Allez, c'est fini. Reprends-toi reprenons-nous. Il faut finir ce meuble pour Joseph si on veut manger à l'œil au Pique-assiette ... Tiens, ramasse ton tournevis.

Je me suis mouché dans ma manche.

Et puis, en plein milieu du silence, alors que j'attaquais la deuxième porte, il a ajouté:

– Juste une dernière chose, et après je ne t'en parle plus. Ce que je voulais te dire est très important ... Je voulais te dire que si tes parents se disputent, ce n'est

5 **s'exciter:** sich aufregen.
10 **écarter les bras:** die Arme ausbreiten.
14 **déborder:** überlaufen, über die Ufer treten.
16 **se reprendre:** sich fangen, sich wieder in die Gewalt bekommen, sich zusammenreißen.
17 **à l'œil** (m.): gratis, umsonst.
17f. **le pique-assiette:** Schmarotzer, Nassauer.
18 **le tournevis:** Schraubenzieher.
19 **se moucher:** sich die Nase putzen, schnäuzen.

pas à cause de toi. C'est à cause d'eux, et d'eux seuls. Tu n'as rien à voir là-dedans, tu n'y es pour rien, tu m'entends? Pour rien du tout. Et je peux même t'assurer que si tu étais toujours premier en classe, si tu ne ramenais que des 19 et des 20, eh bien, ils continueraient à se disputer. Ils seraient juste obligés de trouver d'autres prétextes, c'est tout.

Je n'ai rien répondu. J'ai passé une première couche de Bondex sur le meuble de Joseph.

*

Quand je suis rentré chez moi, mes parents feuilletaient des prospectus et tapotaient sur une machine à calculer. Si la vie était comme dans une bulle de bande dessinée, j'aurais vu de la fumée noire au-dessus de leurs têtes. J'ai dit: «B'soir» en me dirigeant rapidement vers ma chambre, mais ils m'en ont empêché:

– Grégoire, viens par là.

Au son de sa voix, j'ai deviné que mon père n'était pas d'humeur à plaisanter.

– Assieds-toi.

Je me demandais à quelle sauce j'allais encore être mangé …

– Comme tu sais, ta mère et moi nous avons décidé de t'envoyer en pension …

8 **la couche:** Schicht; hier: Anstrich.
9 **Bondex:** Firmenname für Holzlasuren, Farben und Lacke.
11 **tapoter:** klopfen; hier: tippen.
11 f. **la machine à calculer:** Taschenrechner.
12 **la bulle:** Sprechblase.
17 **deviner:** raten; ahnen.
18 **plaisanter:** scherzen, Späße machen.

J'ai baissé les yeux. Je pensais: «Pour une fois que vous êtes d'accord sur quelque chose! Ce n'est pas trop tôt. Dommage que ce soit sur un truc aussi nul ...»

– J'imagine que cette idée ne t'emballe pas, mais c'est ainsi. Nous sommes dans une impasse. Tu ne fais rien à l'école, tu as été renvoyé, personne ne veut de toi, et le collège du quartier ne vaut rien. Il n'y a pas trente-six solutions ... Mais ce que tu ne sais peut-être pas, c'est que c'est très cher. Il faut que tu te rendes compte que nous faisons un gros effort financier pour toi, un véritable effort ...

J'ai ricané dans ma tête: «Oh ... mais il ne fallait pas! Merci! Merci, Messeigneurs. Vous êtes trop bons. Puis-je vous baiser les pieds, Messeigneurs?»

Mon père a continué:

– Tu ne veux pas savoir où tu vas aller?

– ...

– Tu t'en moques?

– Non.

– Eh bien, nous n'en savons rien, figure-toi. Cette histoire est un vrai casse-tête. Ta mère vient de passer l'après-midi au téléphone, sans succès. Il faut trouver un établissement qui accepte de te prendre en cours d'année et qui ...

5 **cela ne t'emballe pas** (fam.): das reizt, lockt dich nicht, reißt dich nicht vom Stuhl.
6 **une impasse:** Sackgasse.
13 **ricaner dans la tête:** in sich hineinkichern.
14 **monseigneur** (pl. *messeigneurs*): Eure Exzellenz (Anrede).
19 **Tu t'en moques?** (fam.): Ist dir das piepegal?
21 **se figurer:** sich (etwas) vorstellen.
22 **être un vrai casse-tête:** viel Kopfzerbrechen machen.

– C'est là que je veux aller, ai-je dit en lui coupant la parole.

– Où, «là»?

– Là.

Je lui ai tendu le petit dépliant où l'on voyait des élèves travailler derrière un établi. Ma mère a remis ses lunettes:

– Où est-ce? À trente kilomètres au nord de Valence … Le lycée technique de Grandchamps … Mais il ne font pas collège …

– Si. Il y a aussi un collège.

– Comment le sais-tu? a demandé mon père.

– J'ai téléphoné.

– Toi!?

– Ben oui, moi.

– Quand?

– Juste avant les vacances.

– Toi?! Tu as téléphoné! Mais pourquoi?

– Comme ça … juste pour savoir.

– Et alors?

– Alors rien.

– Pourquoi est-ce que tu ne nous en as pas parlé?

– Parce que c'est impossible.

– Pourquoi c'est impossible?

– Parce qu'ils prennent les élèves sur dossier, et il est nul, mon dossier! Il est tellement nul qu'on ne pourrait même pas allumer un feu avec …

Mes parents se taisaient. Mon père lisait le programme de Grandchamps, et ma mère soupirait.

5 **le dépliant:** Faltblatt, Prospekt.
29 **soupirer:** seufzen.

Le lendemain je suis allé en cours normalement, et puis le surlendemain, et le jour d'après aussi.

Je commençais à comprendre l'expression «griller un fusible».

C'était exactement ça. J'avais grillé un fusible. Un bout de moi s'était éteint et tout m'était devenu égal.

Je ne faisais plus rien. Je n'avais plus d'idées. Plus d'envies. Plus rien. J'ai rassemblé tous mes Légo dans un carton et je les ai donnés à Gabriel, mon petit cousin. Je regardais la télé tout le temps. Des kilomètres et des kilomètres de clips. Je restais allongé sur mon lit pendant des heures. Je ne bricolais plus. Mes mains pendaient bêtement de chaque côté de mon buste maigrichon. Quelquefois, j'avais l'impression qu'elles étaient mortes. Tout juste bonnes à zapper ou à ouvrir des canettes.

J'étais moche, je devenais crétin. Ma mère avait raison: j'allais bientôt pouvoir manger du foin à table.

Je n'avais même plus envie d'aller chez mes grands-parents. Ils étaient gentils, mais ils ne comprenaient rien. Ils étaient trop vieux. En plus, qu'est-ce qu'il pouvait capter de mes problèmes, grand-Léon? Rien, vu qu'il a toujours été une bête, lui. Des problèmes,

3f. **griller un fusible:** eine Sicherung durchbrennen lassen.
8 **rassembler:** sammeln.
11 **le clip:** Videoclip.
allongé, e: ausgestreckt.
14 **maigrichon, ne:** mager, dünn, schmächtig.
15 **zapper:** zappen, wahllos hin und her schalten.
16 **la canette:** Getränkedose.
17 **moche:** hässlich, scheußlich; (fam.) blöd, doof.
22 **capter:** mitbekommen, kapieren.

il n'en a jamais eu. Quant à mes parents, laisse tomber … Ils ne s'adressaient même plus la parole. De vrais zombies.

Je me retenais de les secouer un bon coup pour en faire tomber … quoi? Je ne sais pas.

Un mot, un sourire, un geste? Quelque chose.

J'étais avachi devant la télé quand le téléphone a sonné.

– Alors, Toto, tu m'as oublié?

– Euh … Je n'ai pas très envie de venir aujourd'hui …

– Et alors? Et Joseph? Tu m'avais promis que tu m'aiderais à lui livrer son meuble!

Oups! J'avais complètement oublié.

– J'arrive. Excuse-moi!

– Pas de problème, Toto, pas de problème. Il ne va pas s'envoler.

Pour nous remercier, Joseph nous a offert un bon gueuleton. J'ai mangé un tartare gros comme le Vésuve, avec des tonnes de petits machins, des câpres, des oignons, des herbes, du piment … Miam. Grand-Léon me regardait en souriant:

– Ça fait plaisir à voir, Toto. Heureusement que

7 **avachi, e:** energielos, schlapp.
17 **s'envoler:** davonfliegen, sich davonmachen.
19 **le gueuleton** (fam.): Festschmaus, Festessen.
le tartare: Rinderhacksteak (in Senfsauce).
20 **la câpre:** Kaper.
21 **le piment:** Würze; Chili(pfeffer); Peperoni.
miam: lecker!

ton vieil ancêtre t'exploite de temps en temps, comme ça tu peux manger à ta faim.

– Et toi? Tu ne manges rien?

– Oh … Je n'ai pas très faim, tu sais … Ta grand-mère m'a encore gavé au petit déjeuner.

Je savais qu'il mentait.

Après, nous sommes allés visiter les cuisines. Je n'en revenais pas de voir la taille des poêles et des casseroles: énormes. Et puis de grosses louches, des cuillères en bois comme des catapultes, des dizaines de couteaux rangés par ordre de grandeur et super bien aiguisés.

Joseph a lancé:

– Tenez! voilà Titi! Notre dernière recrue … C'est un bon gamin. On va se charger de lui mettre une toque sur la tête et puis, vous verrez, dans quelques années, ces couillons du Michelin viendront lui faire des risettes, c'est moi qui vous le dis! Tu dis bonjour, Titi?

– Bonjour.

1 **un ancêtre:** Vorfahr; Greis; hier: Opa.
exploiter: ausbeuten.
2 **manger à sa faim:** sich satt essen.
5 **gaver:** vollstopfen, überfüttern.
7 f. **ne pas en revenir:** es nicht fassen können.
9 **la louche:** Schöpflöffel, Suppenkelle.
12 **aiguiser:** schleifen, wetzen, abziehen.
15 **le gamin:** kleiner Junge, Bengel.
16 **la toque:** Kochmütze.
17 **le couillon** (fam.): Dussel, Blödmann.
le Michelin: Hotel- und Restaurantführer der Reifenfirma Michelin.
17 f. **faire des risettes** (à qn): jdm. um den Bart streichen.

Il était en train d'éplucher mille milliards de kilos de patates. Il avait l'air plutôt content. Ses pieds avaient disparu sous une montagne d'épluchures. En le voyant, j'ai pensé: «Seize ans … il doit les avoir, lui …»

En me déposant devant chez moi, grand-Léon a encore insisté:

– Bon, alors tu fais comme on a dit, hein?

– Oui, oui.

– Tu ne t'occupes ni des fautes, ni du style, ni de ton écriture de cochon. Tu ne t'occupes de rien. Tu dis juste ce que tu as sur le cœur, O.K.?

– Oui, oui …

Je m'y suis mis le soir même. Je ne m'en foutais pas tant que ça, puisque j'ai fait onze brouillons. Pourtant ma lettre était assez courte …

Je vous la recopie:

«Monsieur le directeur de l'école de Grandchamps,

Je voudrais être admis dans votre établissement, mais je sais que c'est impossible parce que mon dossier scolaire est trop mauvais.

J'ai vu sur la publicité de votre école que vous aviez

1 **éplucher:** schälen, pellen.
2 **la patate** (fam.): Kartoffel.
3 **une épluchure:** Obst-, Kartoffelschale.
14 **se foutre de qc** (fam.): auf etwas pfeifen, (fam.) scheißen.
15 **le brouillon:** Entwurf, Rohfassung.
17 **recopier:** noch einmal abschreiben.

des ateliers de mécanique, de menuiserie, des salles d'informatique, une serre et tout ça.

Je pense qu'il n'y a pas que les notes dans la vie. Je pense qu'il y a aussi la motivation.

Je voudrais venir à Grandchamps parce que c'est là que je serais le plus heureux, je pense.

Je ne suis pas très gros, je pèse 35 kilos d'espoir.

Au revoir,

Grégoire Dubosc

P.S n° 1: C'est la première fois que je supplie quelqu'un pour aller à l'école, je me demande si je ne suis pas malade.

P.S n° 2: Je vous envoie les plans d'une machine à éplucher les bananes que j'ai fabriquée quand j'avais sept ans.»

Je l'ai relue, et je l'ai trouvée bien nunuche, mais je n'avais pas le courage de recommencer une treizième fois.

J'imaginais la tête du directeur quand il allait lire ça … Il allait certainement penser: «Mais qu'est-ce que c'est encore que ce Mickey?» avant d'en faire une boulette et de la lancer dans sa corbeille. Je

1 **un atelier:** Werkstatt.
la mécanique: Maschinenbau.
la menuiserie: Tischlerei, Schreinerei.
10 **supplier:** inständig bitten, flehen.
16 **nunuche** (fam.): Verballhornung von *nul, le:* unbedeutend, wertlos, nichtig; albern.
22 **la boulette:** (Papier-)Kügelchen.
la corbeille: Papierkorb.

n'avais plus très envie de l'envoyer maintenant, mais bon, j'avais promis à grand-Léon et je ne pouvais plus reculer.

Je l'ai postée en revenant du collège, et c'est en m'asseyant pour goûter que j'ai relu le dépliant et que j'ai vu que le directeur était en fait une directrice. Mais quel âne! ai-je pensé en me mordant la joue. Quel âne, quelle triple buse! …

35 kilos de crétinerie, oui …

Après, c'était les vacances de la Toussaint. Je suis allé à Orléans, chez Fanny, la sœur de ma mère. Je jouais sur l'ordinateur de mon oncle, je ne me couchais jamais avant minuit et je dormais le plus tard possible. Jusqu'à ce que mon petit cousin saute sur mon lit en criant:

– Des iégo! On fait des iégo? Guégoire, tu viens pour qu'on fait des iégo?

Pendant quatre jours, j'ai fait des trucs en Légo: un garage, un village, un bateau … À chaque fois que je finissais quelque chose, il était super content, il l'admirait et puis blang! le jetait par terre de toutes ses forces pour le casser en mille morceaux. La pre-

4 **poster:** in den Briefkasten werfen.
7 **un âne:** Esel.
8 **triple:** dreifach; hier: Erz-.
la buse (fam.): Dummkopf, Trottel.
9 **la crétinerie:** Dummheit, Blödsinn.
10 **la Toussaint:** Allerheiligen.
12 **un ordinateur:** Computer.
21 **blang!:** peng!

mière fois, ça m'a carrément énervé mais quand je l'ai entendu rire, j'ai oublié mes deux heures de perdues. J'adorais l'entendre rire. Ça rallumait mon fusible.

C'est ma mère qui est venue me chercher à la gare d'Austerlitz. Une fois dans la voiture, elle m'a dit:

– J'ai deux nouvelles à t'annoncer, une bonne et une mauvaise. Je commence par laquelle?

– La bonne.

– La directrice de Grandchamps a téléphone hier. Elle est d'accord pour te prendre, mais il faudra que tu passes une sorte de test d'abord …

– Pffff … Si c'est ça que t'appelles une bonne nouvelle … Un test! Qu'est-ce que tu veux que je fasse avec un test? Des confettis? Et la mauvaise?

– Ton grand-père est à l'hôpital.

J'en étais sûr. Je le savais. Je le sentais.

– C'est grave?

– On ne sait pas. Il a eu un malaise, et ils le gardent en observation. Il est très faible.

– Je veux le voir.

– Non. Pas maintenant. Personne ne peut le voir pour le moment. Il doit reprendre des forces à tout prix.

Ma mère pleurait.

*

3 **rallumer:** hier: wieder aufladen.
5f. **la gare d'Austerlitz:** Pariser Bahnhof im Südosten der Stadt.
19 **le malaise:** Unwohlsein.

J'avais emporté mon livre de grammaire pour réviser dans le T.G.V., mais je ne l'ai pas ouvert. Je n'essayais même pas de faire semblant. J'étais incapable de mettre une pensée devant l'autre et de recommencer. Le train longeait d'immenses câbles électriques sur des kilomètres et des kilomètres, et à chaque poteau je disais tout bas: «grand-Léon … grand-Léon … grand-Léon … grand-Léon … grand-Léon … grand-Léon … grand-Léon … grand-Léon … grand-Léon …» et entre les poteaux, je me disais:

«Ne meurs pas. Reste là. J'ai besoin de toi. Charlotte aussi, elle a besoin de toi. Qu'est-ce qu'elle deviendrait sans toi? Elle serait trop malheureuse. Et moi, alors? Ne meurs pas. Tu n'as pas le droit de mourir. Je suis trop jeune. Je veux que tu me voies encore grandir. Je veux que tu sois encore fier de moi. Je n'en suis qu'au début de ma vie. J'ai besoin de toi. Et puis, si un jour je me marie, je voudrais que tu connaisses ma femme et mes enfants. Je veux que mes enfants aillent dans ton cagibi. Je veux que mes enfants sentent ton odeur. Je veux que …»

Je me suis endormi.

*

À Valence, un monsieur était venu m'attendre à la descente du train. Pendant le trajet jusqu'à l'école, j'ai appris que c'était le jardinier de Grandchamps, enfin … le «régisseur», comme il disait …

5 **longer:** entlangfahren.
7 **le poteau:** Pfahl, Pfosten; hier: Telegrafenmast.
26 **le régisseur:** hier: Verwalter.

J'aimais bien être dans sa camionnette, ça sentait le gazole et les feuilles mortes.

J'ai dîné au réfectoire avec les autres pensionnaires. Que des grands maousses costauds. Ils ont été sympa avec moi, ils m'ont donné plein de tuyaux sur le bahut: les meilleures planques pour fumer, comment se mettre bien avec la dame de la cantine pour avoir du rab, la combine pour monter au dortoir des filles par l'escalier de secours, les petites manies des profs et tout ça …

Ils riaient fort, ils étaient bêtes. Mais de la bonne bêtise. De la bêtise de garçon.

Leurs mains étaient belles avec des petites coupures partout et du cambouis sous les ongles. À un moment, ils m'ont demandé pourquoi j'étais là:

– Parce que plus aucune école ne veut de moi.

Ça les a fait marrer.

– Aucune?

– Non. Aucune.

– Même l'asile?

1 **la camionnette:** Kleintransporter, Lieferwagen.
2 **le gazole:** Dieselkraftstoff.
les feuilles mortes (f., pl.): welkes Laub.
3 **le réfectoire:** Speisesaal.
3f. **le pensionnaire:** Internatsschüler.
4 **le maousse** (fam.): Riese, Koloss.
costaud, e: stämmig, robust.
5 **sympa** (fam.): Kurzform von *sympathique:* freundlich, nett.
le tuyau: Tipp.
6 **le bahut** (fam.): Penne.
8 **le rab** (fam.): Nachschlag.
la combine (fam.): Trick, Dreh, Kniff, Masche.
le dortoir: Schlafsaal.
20 **un asile:** Zufluchtsort; Irrenanstalt.

– Oui, j'ai dit, même à l'asile, ils ont trouvé que j'avais une mauvaise influence sur les autres.

Il y en a un qui m'a tapé dans le dos:

– Bienvenue au club, mec!

Après, je leur ai dit pour le test que je devais passer le lendemain matin.

– Ben qu'est-ce que tu fous encore là, alors? Va te coucher, gros malin, il faut que tu sois en forme!

J'avais du mal à dormir. J'ai fait un drôle de rêve. J'étais avec mon grand-Léon dans un super parc et il n'arrêtait pas de m'énerver. Il tirait mes habits en disant: «Elle est où, leur planque pour fumer? Demande-leur où elle est ...»

Au petit déjeuner, je n'ai rien pu avaler. J'avais du béton armé dans le ventre. Je n'avais jamais eu aussi mal de toute ma vie. Je respirais tout doucement et je transpirais de la sueur glacée. J'étais brûlant et gelé à la fois.

Ils m'ont fait asseoir dans une petite salle de classe et je suis resté seul pendant un bon moment. J'ai cru qu'ils m'avaient oublié.

Et puis une dame m'a donné une espèce de grand cahier à remplir. Les lignes dansaient devant mes yeux. Je ne comprenais rien. J'ai posé mes coudes sur

3 **taper:** klopfen.
7 **foutre:** machen, tun.
8 **le gros malin** (fam.): Schlaumeier.
14f. **le béton armé:** Stahlbeton.
17 **la sueur glacé:** kalter Schweiß.
23 **le coude:** Ellbogen.

la table et ma tête dans mes mains. Pour respirer, pour me calmer, pour faire le vide. Du coup, j'avais le nez en plein sur les graffitis de la table. Il y en avait un qui disait: «J'aime les gros nichons» et un autre, à côté, qui disait: «Moi, je préfère les clés à molette.» Ça m'a fait sourire, et je me suis mis au travail.

Au début, ça allait, mais, plus je tournais les pages, moins je trouvais de réponses. Je commençais à paniquer. Le pire, c'était un paragraphe de quelques lignes; l'énoncé disait «Retrouvez et corrigez les erreurs de ce texte.» C'était affreux, je n'en voyais aucune. J'étais vraiment le plus nul des nuls. C'était plein des fautes, et je ne les voyais même pas! Il y avait une boule dans ma gorge, qui remontait tout doucement, et mon nez commençait à me piquer. J'ouvrais grand les yeux. Je ne devais pas pleurer. Je ne voulais pas pleurer.

JE NE VOULAIS PAS, vous comprenez?

Et puis, elle est arrivée quand même, une grosse larme que je n'avais pas vue venir et qui s'étalait maintenant sur mon cahier … La garce. Je serrais les

2 **faire le vide:** auspumpen; hier: den Kopf frei bekommen.
du coup: darauf, infolgedessen.
4 **les nichons** (m., pl.; pop.): Titten.
5f. **la clé à molette** (f.): Rollgabelschlüssel, Engländer (verstellbarer Schraubenschlüssel).
9f. **paniquer:** in Panik geraten.
12 **affreux, se:** grauenhaft, entsetzlich.
16 **piquer:** stechen, kitzeln.
21 **s'étaler** (fam.): sich breit machen.
22 **la garce** (fam.): Weibsbild; hier: Biest, Luder.

dents, très fort, mais je sentais bien que j'allais craquer. Que la digue allait céder.

Ça faisait trop longtemps que je m'empêchais de pleurer et que je refusais de penser à certaines choses … Pourtant, il arrive un moment, il faut bien qu'elle sorte, toute cette bouillasse que vous planquez tout au fond de votre cerveau, tout là-bas derrière … Je savais que si je me mettais à pleurer, je ne pourrais plus m'arrêter, tout allait me revenir en même temps: Grodoudou, Marie, toutes ces années d'école où j'étais toujours le dernier. Toujours le gros débile de service. Mes parents qui ne s'aimaient plus, tous ces jours tristes à la maison et mon grand-Léon dans sa chambre d'hôpital avec ses tuyaux dans le nez et sa vie qui s'en allait peu à peu …

J'étais au bord des larmes, je me mordais les lèvres jusqu'au sang quand j'ai entendu une voix qui disait: «Allons, Toto, qu'est-ce que tu nous fais là? Qu'est-ce que c'est que ça? Veux-tu arrêter de baver comme un cochon sur ton stylo! Tu vas le noyer.»

Voilà que je devenais dingue maintenant … J'entendais des voix! Hé … Vous vous êtes trompés,

1f. **craquer:** knacken, platzen, brechen; hier (fam.): schwach werden, die Nerven verlieren.
2 **la digue:** Deich, Damm.
6 **la bouillasse** (fam.): unförmige Masse, Unrat; hier: dumme Gedanken.
6f. **planquer:** verstecken.
12 **le débile de service** (m.): Blödmann vom Dienst.
20 **baver:** sabbern, sich bekleckern.
21 **noyer** (fam.): ersäufen, absaufen lassen.
22 **dingue** (fam.): wahnsinnig, verrückt.

là-haut, je ne suis pas Jeanne d'Arc. Je suis juste un petit tocard qui pédale dans la semoule.

«Bon, monsieur Jérémiades, tu me préviens quand tu arrêtes ton char. Qu'on puisse bosser un peu, tous les deux.»

Qu'est-ce que c'était que cette histoire? J'ai regardé partout dans la pièce pour voir s'il y avait des caméras ou des micros. Mais qu'est-ce que c'était que cette histoire! J'étais entré dans la quatrième dimension ou quoi?

«Grand-Léon, c'est toi?»

«Qui veux-tu que ce soit, gros nigaud? Le pape?»

«Mais ... comment c'est possible?»

«De quoi?»

«Ben ... que tu sois là, que tu puisses me parler comme ça?»

«Ne dis pas de bêtises, Toto, j'ai toujours été là, et tu le sais très bien. Bon, assez plaisanté. Concentre-toi un peu. Prends un crayon à papier et sou-

1 **Jeanne d'Arc:** die heilige Johanna, genannt Jungfrau von Orléans (1412[?]–1431), französische Nationalheldin, die sich durch Stimmen berufen fühlte, das französische Heer gegen die Engländer zu führen.

2 **le tocard:** schlechtes Pferd; hier: Versager, Flasche.
pédaler dans la semoule (fam.): nicht vorwärts kommen, sich vergebens abstrampeln (*la semoule:* Grieß).

3 **monsieur Jérémiades:** etwa: Herr Jammerlappen (*les jérémiades,* f.: Klagelied(er); [fam.] Gejammer).
prévenir: warnen, benachrichtigen.

4 **le char:** Wagen, Karre.
bosser: schuften, malochen.

8 **le micro:** Kurzform von *le microphone.*

12 **le nigaud:** Dummkopf; hier: Trottel, Depp.
le pape: Papst.

ligne-moi tous les verbes conjugués ... Non, pas celui-là, tu vois bien qu'il se termine par "er". Maintenant, trouve leurs sujets ... Voilà ... Fais des petites flèches ... C'est bien. Réfléchis, il faut que chaque verbe soit bien accordé ... Là, regarde, le sujet, c'est quoi? ... Oui, c'est "tu", donc un "s", c'est bien. Après, fais la même chose avec les noms communs, souligne-les ... Trouve leurs déterminants et contrôle. Contrôle tout. Et les adjectifs? Ça ne te paraît pas bizarre, ce "bouilli" là, pour "des nappes"? "es", c'est bien, tu vois que tu peux y arriver si tu fais attention. Retourne un peu en arrière maintenant, j'ai vu des choses affreuses en calcul ... J'avais les poils des oreilles qui se dressaient tout seuls. Allez, repose tes divisions ... Non, refais-la encore ... Encore! Tu oublies quelque chose. La retenue, oui, c'est bien. Et voyons la page 4, s'il te plaît ...»

J'avais l'impression de dormir éveillé, j'étais super concentré et super détendu en même temps. J'écrivais sur des nuages. C'était vraiment une sensation étrange.

«Voilà, Toto, je vais te laisser, maintenant. C'est la rédaction, et là, je sais que tu es beaucoup plus

1 **conjuguer:** konjugieren.
5 **accorder:** in Übereinstimmung bringen (Grammatik).
7 f. **le nom commun:** Gattungsname, Appellativ.
8 **le déterminant:** Artikel (Grammatik).
10 **bizarre:** merkwürdig, eigenartig, komisch.
bouillir: kochen.
14 **le poil:** Haar.
17 **la retenue:** hier: im Kopf behaltene Zahl.
24 **la rédaction:** Aufsatz.

fort que moi … Si, si. C'est vrai. Je vais te laisser, mais attention à l'orthographe, hein? Tu fais comme tout à l'heure: des petites flèches et des contrôles. Dis-toi que tu es le flic des mots. À chacun, tu leur demandes leurs papiers avant de les laisser circuler:

– Vous, là! Comment vous vous appelez? – Adjectif. – Avec qui vous roulez, mon garçon? – Avec "chiens". – Bon, alors, qu'est-ce qu'il vous faut? – Un *s*, monsieur. – C'est bon, circulez. Tu vois ce que je veux dire?»

– Oui, ai-je répondu.

– Ne parlez pas à voix haute, jeune homme! s'est exclamée la surveillante. Vous devez vous taire. Je ne veux rien entendre!

Je me suis bien relu. Au moins cinquante-sept fois. Et je lui ai rendu mon cahier. Une fois dans le couloir, j'ai murmuré:

– Grand-Léon, t'es toujours là?

Aucune réponse.

Dans le train du retour, j'ai encore essayé. Mais non, il n'y avait plus d'abonné au numéro que je demandais.

2 **l'orthographe** (m.): Rechtschreibung.
4 **le flic des mots** (fam.): Wörterpolizist.
6 **circuler:** weitergehen, -fahren.
14 **s'exclamer:** ausrufen.
le surveillant / la surveillante: Aufsicht(sperson).
22 f. **Il n'y a pas d'abonné, e au numéro que vous demandez:** Kein Anschluss unter dieser Nummer (*un abonné / une abonnée:* Fernsprechteilnehmer[in]).

Quand j'ai vu la tête de mes parents, sur le quai, j'ai su qu'il s'était passé quelque chose.

– Il est mort? j'ai demandé. Il est mort, c'est ça?

– Non, a dit ma mère, il est dans le coma.

– Depuis quand?

– Depuis ce matin.

– Il va se réveiller?

Mon père a fait la grimace, et ma mère s'est effondrée en se rattrapant à mon épaule.

*

Je ne suis pas allé le voir à l'hôpital. Personne n'y est allé. C'était interdit parce que le moindre de nos microbes pouvait le tuer.

Par contre, je suis allé chez ma grand-mère, et j'ai eu un choc en la voyant, elle avait l'air encore plus frêle et plus fragile que d'habitude. Une petite souris perdue dans une robe de chambre bleue. J'étais là comme un idiot, au milieu de la cuisine, quand elle m'a dit:

– Va travailler un peu, Grégoire. Mets les machines en route. Touche les outils. Caresse le bois. Parle aux choses, dis-leur qu'il va bientôt revenir.

Elle pleurait sans bruit.

Je suis entré. Je me suis assis. J'ai croisé les bras sur l'établi, et je me suis enfin mis à pleurer.

8f. **s'effondrer:** zusammenbrechen.
9 **se rattraper à qc:** sich an etwas festhalten.
13 **par contre:** hingegen, dagegen.
15 **frêle:** schwächlich.
16 **la robe de chambre:** Morgenrock.

J'ai pleuré toutes les larmes que je gardais au fond de moi depuis si longtemps. Combien de temps suis-je resté comme ça? Une heure? Deux? Trois, peut-être?

Quand je me suis relevé, ça allait mieux, c'était comme si je n'avais plus de larmes, plus de chagrin. Je me suis mouché dans un vieux torchon plein de colle qui traînait par terre et c'est là que je l'ai revue, l'inscription de l'autre fois ... «AIDE-MOI», gravée dans le bois.

*

J'ai été admis à Grandchamps.

Ça ne m'a fait ni chaud ni froid. J'étais juste content de partir, de «prendre l'air» comme aurait dit grand-Léon. J'ai fait mon sac, et je ne me suis pas retourné en fermant la porte de ma chambre. J'ai demandé à ma mère de mettre l'argent de M. Martineau sur mon livret. Cet argent, je n'avais plus envie de le dépenser. Je n'avais plus envie de rien, sauf de l'impossible. Et je comprenais qu'on ne pouvait pas tout acheter dans la vie.

Mon père a profité d'une de ses tournées en province pour me conduire jusqu'à ma nouvelle école. Nous ne nous sommes pas beaucoup parlé pendant le trajet. Nous savions que nos routes allaient se séparer.

– Vous m'appellerez dès qu'il y a du nouveau, hein?

6 **le torchon:** Handtuch; Wisch-, Scheuerlappen.

7 **traîner:** herumliegen.

10 **ça ne me fait ni chaud ni froid:** das ist mir gleichgültig, das lässt mich kalt.

Il a hoché la tête, et puis il m'a embrassé maladroitement.

– Grégoire?

– Oui.

– Non. Rien. Tâche d'être heureux, tu le mérites. Tu sais, je te l'ai jamais dit, mais je pense que tu es un type bien ... Un type vraiment bien.

Et il m'a serré le bras très fort avant de remonter dans sa voiture.

*

Je n'étais pas le meilleur en classe, j'étais même dans les derniers; en y réfléchissant bien, il me semble que j'étais vraiment le dernier. Pourtant, les profs m'aimaient bien ...

Un jour, Mme Vernoux, la prof de français, nous a rendu nos explications de texte. J'avais eu 6 sur 20.

– J'espère que ta machine à éplucher les bananes était plus performante ..., m'a-t-elle dit en me faisant un petit sourire.

Je crois que j'étais bien vu à cause de ça, à cause de cette lettre que j'avais envoyée. Tout le monde ici savait que j'étais nul, mais que j'avais envie de m'en sortir.

En dessin et en E.M.T., par contre, j'étais le caïd. Surtout en E.M.T. J'en savais plus que le prof. Quand les

1 f. **maladroitement** (adv.): ungeschickt, unbeholfen.
17 **performant, e:** leistungsfähig.
23 **E.M.T.:** Abk. für *Enseignement Manuel Technique* (m.): Werk-, technischer Unterricht.
le caïd: hier: Ass, der Beste.

élèves n'arrivaient pas à faire quelque chose, c'était moi qu'ils venaient voir en premier. Au début, Jougleux le prenait mal; maintenant, il fait comme eux: il me demande tout le temps des conseils. C'est marrant.

Ma bête noire, c'était le sport. J'ai toujours été nul, mais ici ça se voyait encore plus parce que les autres étaient bons et qu'ils aimaient ça. Je ratais tout: c'est normal, je ne sais ni courir, ni sauter, ni plonger, ni rattraper un ballon, et encore moins le lancer … Rien de rien. Zéro. Coucouche panier.

Les autres se foutaient de moi gentiment, ils disaient:

– Eh, Dubosc, quand est-ce que tu mets au point une machine à te fabriquer des muscles?

Ou:

– Attention, les mecs! C'est Dubosc qui va sauter, préparez les pansements.

J'avais ma mère toutes les semaines au téléphone. À chaque fois, je commençais par lui demander s'il y avait du nouveau. Un jour, elle a fini par lâcher:

4 **marrant, e** (fam.): ulkig.
5 **c'est ma bête noire:** das kann ich auf den Tod nicht ausstehen.
7 **rater** (fam.): verpatzen, verkorksen.
8 **plonger:** tauchen.
9 **rattraper:** (auf)fangen.
lancer: werfen, schmeißen.
9f. **rien de rien** (fam.): überhaupt nichts.
10 **coucouche panier** (m.; fam.): husch ins Körbchen!, verkriech dich!
11 **se foutre de qn:** sich über jdn. lustig machen.
13 **la machine à fabriquer des muscles** (m.; fam.): Muskelpaketmaschine.
16 **le pansement:** Verband, Pflaster.
19 **lâcher** (fam.): hier: äußern, von sich geben, freien Lauf lassen.

– Écoute, Grégoire, stop. Ne me pose plus cette question. Tu sais bien que je te le dirais tout de suite s'il y avait du nouveau. Parle-moi plutôt de toi, de ce que tu fais, de tes profs, de tes copains et tout ça …

Je n'avais rien à lui dire. Je me forçais un peu, et puis j'abrégeais la conversation. Tout ce qui ne concernait pas mon grand-père m'était devenu égal.

*

J'étais bien, mais je n'étais pas heureux. J'enrageais de ne rien pouvoir faire pour aider mon Léon. J'aurais pu soulever des montagnes pour lui, me couper en morceaux et me laisser frire à petit feu. J'aurais pu le prendre dans mes bras et traverser la terre entière en le serrant contre mon cœur, j'aurais enduré n'importe quoi pour le sauver, mais voilà, il n'y avait rien à faire. Juste attendre.

C'était insupportable. Lui, il m'avait aidé quand j'en avais eu vraiment besoin, et moi, rien. Que dalle.

Jusqu'à ce fameux cours d'E.P.S. …

Ce jour-là, c'était corde à nœuds au menu. L'horreur. J'essaye depuis que j'ai six ans, et je n'ai jamais

7 **abréger:** abkürzen.
10f. **enrager de** (+ inf.): (fam.) sich schwarz ärgern, dass …
13 **frire:** braten, backen.
à petit feu: bei kleiner Flamme.
15 **endurer:** aushalten, ertragen.
18 **insupportable:** unerträglich, unausstehlich.
21 **la corde à nœuds** (m.): Knotenseil.
être au menu: auf dem Programm, Stundenplan stehen.

été foutu d'y arriver. Jamais pu. La corde à nœuds, c'est ma honte.

Quand ça a été mon tour, Momo a gueulé:

– V'nez voir, y'a l'inspecteur Gadget qui va nous montrer ses chaussettes!

J'ai regardé le haut du poteau, et j'ai murmuré: «Grand-Léon, écoute-moi bien! Je vais y arriver. Je vais le faire pour toi. Pour *toi*, tu m'entends!»

Au troisième nœud, je n'en pouvais déjà plus, mais j'ai serré les dents. J'ai tiré sur mes petits bras pleins de fromage blanc. Quatrième nœud, cinquième nœud. J'allais lâcher. C'était trop dur. Non, je ne pouvais pas, j'avais promis! J'ai grogné, et j'ai poussé sur mes pieds. Mais non, je n'en pouvais plus. Je commençais déjà à lâcher prise. C'est à ce moment-là que je les ai aperçus, les mecs de ma classe, en cercle, tout en bas. Y'en a un qui a crié:

– Vas-y, Dubosc, tiens bon!

Alors, j'ai essayé encore une fois. Des gouttes de sueur me brouillaient la vue. Mes mains étaient en feu.

– Du-bosc! Du-bosc! Du-bosc!

Ils hurlaient pour me soutenir.

4 **inspecteur Gadget:** tollpatschiger Held einer Cartoon- und Zeichentrickfilmserie, einer Fernseh-Krimiserie der 1980er Jahre, einer Krimikomödie (USA, 1999) und eines Videospiels.
5 **la chaussette:** Kniestrumpf, Socke.
11 **le fromage blanc:** Quark.
13 **grogner:** (vor sich hin) knurren, brummen.
15 **lâcher prise** (f.): loslassen.
20 **brouiller la vue:** die Sicht nehmen, verschwommen, wie durch einen Schleier sehen lassen.
20 f. **être en feu:** hier (fig.): brennen.

Septième nœud. J'allais lâcher. Je sentais que j'allais m'évanouir.

En bas, ils chantaient le générique du dessin animé:

«Oh là, qui va là? ... Inspecteur Gadget! ... C'est lui que voilà ... Inspecteur Gadget!»

Ils me donnaient du courage, mais pas assez.

Il ne restait plus que deux nœuds. J'ai craché dans une main et puis dans l'autre. «Grand-Léon, je suis là, regarde! Je t'envoie ma force. Je t'envoie ma volonté. Prends-en. Prends-en! T'en as besoin. L'autre jour, tu m'as envoyé ton savoir, eh bien moi, je t'envoie tout ce que j'ai: ma jeunesse, mon courage, mon souffle, mes petits muscles hargneux. Prends-les, grand-Léon! Prends tout ça ... Je t'en supplie!»

L'intérieur de mes cuisses commençait à saigner, je ne sentais plus mes articulations. Plus qu'un seul nœud.

«Allez! Alllleeez! Alllllleeeeeeez!»

Ils étaient déchaînés. C'était la prof qui gueulait le plus fort. J'ai hurlé: «RÉVEILLE-TOI!!!», et j'ai attrapé le haut du poteau. En bas, c'était la folie. Je pleurais. Des larmes de joie et de douleur mélangées. Je

2 **s'évanouir:** ohnmächtig werden.
3 **le générique:** Vorspann, Titel(melodie).
le dessin animé: Zeichentrickfilm.
7 **cracher:** spucken.
13 **hargneux, se:** bissig, zänkisch.
15 **la cuisse:** Schenkel.
16 **une articulation:** Gelenk.
19 **être déchaîné, e:** außer Rand und Band sein.
21 **la folie** (fam.): Wahnsinn, Irrsinn.

me suis laissé glisser en tombant à moitié. Momo et Samuel m'ont rattrapé et m'ont soulevé en l'air.

«Oh là, qui va là ...? Inspecteur Gadget ... C'est lui que voilà, Inspecteur Gadget.» Tout le monde chantait.

Je me suis évanoui.

À partir de ce jour-là, je suis devenu méconnaissable. Déterminé. Teigneux. Inflexible. J'avais bouffé du lion.

Tous les soirs, après les cours, je marchais au lieu d'aller regarder la télé au foyer. Je traversais les villages, les bois, les champs. Je marchais longtemps. Je respirais lentement et profondément. Avec toujours la même phrase en tête: «Prends tout ça, grand-Léon, respire ce bon air. Respire. Sens cette odeur de terre et de brume. Je suis là. Je suis tes poumons, ton souffle et ton cœur. Laisse-toi faire. Prends.» C'était du bouche-à-bouche à distance.

Je mangeais bien, je dormais beaucoup, je touchais l'écorce des arbres et j'allais caresser les chevaux du voisin. Je glissais ma main sous leurs crinières toutes

7 **méconnaissable:** nicht wieder zu erkennen.
8 **teigneux, se:** grindig; hier: verbissen.
inflexible: unnachgiebig, unerbittlich.
8f. **bouffer du lion:** ungewöhnliche Energie, außerordentlichen Schwung haben.
16 **la brume:** Dunst, Nebel.
le poumon: Lunge.
18 **le bouche-à-bouche:** Mund-zu-Mund-Beatmung.
20 **une écorce:** Rinde, Borke.
21 **la crinière:** Mähne.

chaudes, et je murmurais encore: «Prends. C'est bon pour toi.»

Un soir, ma mère m'a appelé. Quand le surveillant est venu me prévenir, mon cœur s'est décroché.

– Les nouvelles ne sont pas bonnes, mon grand. Les médecins arrêtent le traitement. Ça ne sert à rien.

– Il va mourir alors!

Je hurlais dans le couloir du dortoir:

– Vous avez qu'à le débrancher, comme ça, ça ira plus vite!

Et j'ai raccroché.

À partir de ce jour-là, j'ai arrêté mon cinéma. Je suis retourné jouer au baby-foot avec les mecs du foyer, je travaillais mal et je ne parlais presque plus. J'étais dégoûté de la vie. Dans ma tête, c'était comme s'il était déjà mort. Quand mes parents appelaient, je les envoyais balader.

Et puis, hier, un mec de terminale est venu me chercher dans mon lit. Je dormais à poings fermés. Il m'a secoué dans tous les sens:

4 **décrocher:** aufgeben, nicht durchhalten; hier: aufhören zu schlagen.
6 **le traitement:** Behandlung.
9 **débrancher:** abklemmen, abschalten, den Stecker herausziehen.
11 **raccrocher:** (Telefon) auflegen.
13 **le baby-foot** (angl.): Tischfußball.
14 f. **être dégouté, e:** angewidert sein.
16 f. **envoyer balader:** spazieren führen; hier: wegschicken, zum Teufel schicken.
18 **la terminale:** Abschlussklasse.
19 **le poing:** Faust.

– Hé, hé, réveille-toi, mon pote …

J'avais la bouche toute pâteuse.

– Qu … qu'ech qu'y ch'passe?

– Hé, c'est toi, Toto?

– Pourquoi tu me dis ça?

Je me frottais les yeux.

– Parce que y'a un papy en bas dans son fauteuil roulant qui gueule qu'il veut voir son Toto … Ça serait pas toi, par hasard?

J'étais en caleçon, j'ai descendu les quatre étages en courant. Je pleurais déjà comme un bébé.

Il était là, devant la porte du réfectoire, avec un mec en blouse blanche à côté de lui. Le mec tenait le machin de la perfusion, et mon grand-Léon me souriait.

Moi, je pleurais tellement que je n'arrivais même pas à lui sourire.

Il a dit:

– Tu devrais fermer ta braguette, Toto, tu vas prendre froid.

Et là, j'ai souri.

1 **le pote:** Freund; (fam.) Kumpel.
2 **avoir la bouche pâteuse:** einen trockenen Mund haben.
3 **qu'ech qu'y ch'passe?:** *qu'est-ce qui se passe?:* was ist los?, was geht hier vor?
6 **se frotter les yeux:** sich die Augen reiben.
7 **le papy** (fam.): Opa.
7 f. **le fauteuil roulant:** Rollstuhl.
10 **le caleçon:** (lange) Unterhose.
14 **la perfusion:** Infusion.
19 **la braguette:** Hosenschlitz, -stall.

Editorische Notiz

Der französische Text folgt der Ausgabe: Anna Gavalda, *35 kilos d'espoir*, Paris: Bayard Éditions Jeunesse, 2002. Das Glossar enthält in der Regel alle Wörter, die in der Wortschatzsammlung *Thematischer Grund- und Aufbauwortschatz Französisch* (Stuttgart: Klett, 2000) nicht zum Grundwortschatz gehören.

Im Glossar verwendete französische Abkürzungen

adv.	adverbe
angl.	anglais, anglicisme
f.	féminin
fam.	familier (umgangssprachlich)
fig.	figuré (übertragen)
inf.	infinitif
iron.	ironique
lat.	latin
m.	masculin
pl.	pluriel
pop.	populaire (salopp, derb)
qc	quelque chose
qn	quelqu'un

Werke von Anna Gavalda

Je voudrais que quelqu'un m'attende quelque part. Paris: Le Dilettante, 1999. – Tb.-Ausg. Paris: J'ai lu, 2001. (J'ai lu. 5933.)
Dt. Übers.: *Ich wünsche mir, dass irgendwo jemand auf mich wartet.* München: Hanser, 2002. – Tb.-Ausg: Frankfurt a. M.: Fischer Taschenbuch-Verlag, 2003. (Fischer-Taschenbuch. 15802.)

Je l'aimais. Paris: Le Dilettante, 2002 – Tb.-Ausg. Paris: J'ai lu, 2003. (J'ai lu. 6243.)
Dt. Übers.: *Ich habe sie geliebt.* München: Hanser, 2003. – Tb.-Ausg: Frankfurt a. M.: Fischer Taschenbuch-Verlag, 2004. (Fischer-Taschenbuch. 15803.)

35 kilos d'espoir. Paris: Bayard Jeunesse, 2002.
Dt. Übers.: *35 Kilo Hoffnung.* Berlin: Berlin-Verlag, 2004. (Bloomsbury Kinder- & Jugendbücher.)

Ensemble, c'est tout. Paris: Le Dilettante, 2004.
Dt. Übers.: *Zusammen ist man weniger allein.* München: Hanser, 2005.

Nachwort

»L'éducation ne fait pas le bonheur.«

Eugène Labiche

»Je hais l'école.
Je la hais plus que tout au monde.
Et même plus que ça encore …
Elle me pourrit la vie.«

Das sind keine schönen Worte für den Anfang eines Jugendbuches, eher ein Hilferuf, der Aufschrei einer verletzten Kinderseele. An wen wendet sich dieser Schrei nach Hilfe eines Jungen, dem die Schule das Leben zur Hölle macht?

An die Lehrer – die Eltern – die Mitschüler – den Großvater Léon?

Unter den Lehrerinnen gibt es nur eine Pädagogin, die ihn in der schwierigen Lebensphase, in der er permanent leidet, versteht und ihm wohltuend Hilfe zuteil werden lässt. Ansonsten gelingt es den Lehrerinnen nicht, Grégoire – mit 13 Jahren nach zweimaligem Sitzenbleiben noch immer in der Sexta – entscheidende Lebenshilfe zu geben.

Seine Eltern sind zu sehr mit sich selbst und ihren dauernden Streitigkeiten beschäftigt, um Zeit und Muße für die Probleme ihres Sohnes in diesem schwierigen Alter zu haben. Seine Mitschüler sind anfangs auch keine große Hilfe, jedenfalls fördern sie seine Motivation und Lernfreude in keiner Weise: Erst am Ende des Romans, als Grégoire sein Leben in die eigene Hand nimmt und sich selbst überwindet, treten sie positiv in Erscheinung und steigern durch ihre Zurufe und ihren frenetischen Beifall seine Leistungsbereitschaft. Einer der wenigen, die Grégoire wirklich verstehen, seine Probleme und Schwierigkeiten erkennen und den richtigen Ton finden, um ihn aus seiner selbst gewählten Isolation zu befreien, ist sein Großvater Léon.

Versuchen wir zu ergründen, woraus Grégoires Interesselosigkeit und sein Mangel an Lernfreude resultieren: Nach seinen leidvollen Schilderungen wird er meist von humor- und einfallslosen Lehrerinnen unterrichtet, die ein Mindestmaß an Fingerspitzengefühl, Einfühlungsvermögen und Motivation vermissen lassen und denen es gleichgültig ist, ob alle Schüler der Klasse an ihrem Unterricht interessiert sind: »Je voudrais travailler; mais l'ennui, c'est que je n'y arrive pas. Tout ce qui se passe à l'école, c'est comme si c'était du chinois pour moi. Ça rentre par une oreille et ressort par l'autre. […] Moi, je sais très bien ce que j'ai, il suffit de me le demander. Je n'ai pas de problème. Je n'en ai aucun. C'est juste que ça ne m'intéresse pas« (S. 8f.). Dabei ist Grégoire keineswegs ein Dummkopf. Im Gegenteil, er ist ein hervorragender Bastler, der sogar seinen Lehrer im Werkunterricht in den Schatten stellt, und ein begabter Erfinder dazu, der schon im Alter von 7 Jahren die Idee zu einer Bananenschälmaschine hat und später einen Spezialschuh für Hochgebirgswanderer entwirft.

Dass die Schulverdrossenheit bei Grégoire in Hass umschlägt, dafür sind neben den Lehrerinnen auch seine Eltern verantwortlich, die ihn nicht zu Wort kommen lassen und ihn unter Tränen und Gebrüll mit der stereotyp wiederholten Formel »Travaille! Travaille! Travaille!« (S. 8) zum Lernen zwingen wollen.

Dass es auch anders geht, beweist Grégoires Lust und Freude am Unterricht der Vorschullehrerin Marie, die Einzige während seiner ganzen Schulzeit, an deren Stunden er gern teilnimmt und bei der er auch Erfolge hat. Natürlich kommt ihr Unterrichtsstil seiner Begabung als Bastler entgegen. Ihre ganze Methode zeigt aber auch, dass es ihr bei der Beurteilung eines Schülers nicht nur auf Leistung ankommt, sondern dass sie sich in die Gemüts- und Gefühlswelt eines Kindes hineinversetzen kann, »parce qu'elle avait bien compris à qui elle avait affaire. Elle savait que les larmes me montaient facilement aux yeux quand il s'agissait d'écrire mon prénom, que je ne retenais rien et que c'était l'horreur pour moi de réciter une comptine« (S. 10).

Das Geschenk, das er seiner geliebten Lehrerin macht, offenbart seine Zuneigung, seinen Dank und sein Bedauern, sich von einem Menschen trennen zu müssen, der ihn weit über die Schule hinaus in seinem Innersten verstanden hat: »Ma gorge était serrée et j'avais du mal à parler« (S. 10).

Auch die Lehrerin ist sehr bewegt und macht ihm neben einem Buch ein zweites Abschiedsgeschenk, indem sie in seinem Abgangszeugnis ein Charakterbild entwirft, das ihm den weiteren schulischen Werdegang erleichtern soll: »Ce garçon a une tête en forme de passoire, des doigts de fée et un cœur gros comme ça. On devrait réussir à en faire quelque chose« (S. 12).

Der Beweis, dass die Motivation eine pädagogische Grundkategorie ist, wird dadurch erbracht, dass Grégoire sich selbst motiviert, lesen zu lernen, weil er etwas konstruieren will, wozu ihn das Buchgeschenk von Marie angeregt hat. Seiner Lehrerin Daret gelingt dies jedenfalls nicht. Der Ton ihrer Stimme sowie ihre Angewohnheit, Lieblinge zu begünstigen, ersticken jegliche Motivation bei Grégoire.

Wenn Grégoire an die Schule denkt, wird ihm schon vor dem Aufstehen übel. Die Angst wird im Laufe des Tages immer mächtiger und beherrscht schließlich alle seine Gedanken. Erst am Nachmittag, wenn er in der Geborgenheit seines Zimmers ist und seine Bastelarbeiten wieder aufnehmen kann, verliert sich die Beklemmung. Sie befällt ihn erneut, sobald sich seine Eltern nach der Schule erkundigen oder ihm »le supplice des devoirs« (S. 15), die Qual der Hausaufgaben, bevorsteht. Diese panische Angst zwingt ihn auch dazu, seine Eltern zu belügen, indem er nur einen Teil der Hausaufgaben in sein Aufgabenheft einträgt.

Obwohl er den Sportunterricht und besonders die Turnübungen hasst, hat er hier die ersten Erfolgserlebnisse. Während er allgemein wegen seiner ungenügenden Leistungen von seinen Klassenkameraden mitleidig belächelt und gehänselt wird, gelingt es ihm beim Turnen und beim Fußball durch seine Clownerien und seine absichtlich herbeigeführten Fehlleistungen, die Klasse zum Lachen zu bringen und dadurch ihre Sympathie zu gewinnen. Als er sich jedoch bei einer Übung am Seitpferd ernsthaft verletzt und jammert, verkennen die Sportlehrerin und auch die Direktorin, »cette grosse dinde« (S. 15), den wahren Sachverhalt, indem sie ihm eine seiner berüchtigten Clownerien unterstellen, was schließlich seine Verweisung von der Schule zur Folge hat: eine eklatante pädagogische Fehlentscheidung, die Grégoire an der Gerechtigkeit der Schule zweifeln lässt und damit völlig aus der Bahn wirft.

Da ihm auch seine Eltern nicht glauben, sucht Grégoire Zuflucht, Unterstützung und Trost im Schuppen bei seinem Großvater Léon: »Le cagibi de mon grand-Léon, c'est toute ma vie. C'est mon refuge et ma caverne d'Ali Baba« (S. 22).

Was ihn mit dem Opa verbindet, ist seine Leidenschaft und Freude am Basteln. Was ihn von ihm unterscheidet, ist, dass Opa Léon ein hervorragender Schüler in allen Fächern und später in seinem Beruf als Architekt ein Ass war.

Opas Schuppen ist Grégoires Welt, wo er sich am glücklichsten fühlt und seine Abneigung gegen die Schule vergessen kann: »Le cagibi de mon grand-père est l'endroit où je suis le plus heureux au monde. [...] quand j'entre dans ce réduit encombré, j'ouvre grand mes narines pour respirer l'odeur du bonheur. [...] Pour le respirer quand la vie me fera des misères« (S. 24 f.).

Opa Léon gibt ihm nach seinen Misserfolgen in der Schule wieder neuen Mut, Kraft und das Bewusstsein, mehr zu können, als er glaubt. Dabei zeigt er außergewöhnliche Geschicklichkeit und Diplomatie, indem er La Fontaines Fabel vom Hasen und der Schildkröte auf Grégoires Erlebniswelt überträgt (S. 25).

Als er erfährt, dass Grégoire von der Schule geflogen ist, redet er ihm inständig ins Gewissen und warnt ihn davor, als »feignant« und »geignard« zu resignieren. Da sich Grégoire Opa Léons Sympathie und Zuneigung nicht verscherzen will, beschließt er, etwas Außergewöhnliches zu leisten, was ihn in den Augen seiner Eltern und seines Großvaters wieder aufwertet: er baut für seine Mutter einen Bügeltisch für ihr neues Dampfbügeleisen und repariert den Rasenmäher.

Dieses Erfolgserlebnis trägt dazu bei, die familiäre Spannung abzubauen und eine sachliche Gesprächsbereitschaft wiederherzustellen. Dabei erkennt Grégoire, dass er seine Erfinderideen nur dann verwirklichen kann, wenn er ein Mindestmaß an schulischen Kenntnissen besitzt. Bei seinen Aktivitäten auf der nachbarlichen Baustelle macht er die erfreuliche Erfahrung, dass seine Geschicklichkeit und sein Fleiß anerkannt und gelobt werden und dass gute Arbeit gebührend honoriert wird.

Nach der Katastrophe in der übelbeleumundeten Jean-Moulin-Schule ergreift Grégoire selbst die Initiative und bewirbt sich an einem Technischen Gymnasium, einem Internat weitab von zu Hause, weil er überzeugt ist, dass er hier seine manuellen Fähigkeiten am besten zur Geltung bringen kann. Sein Opa unterstützt sein Vorhaben, damit er endlich dem familiären Spannungsfeld entkommt: »Je voulais te dire que si tes parents se disputent, ce n'est pas à cause de toi. C'est à cause d'eux, et d'eux seuls. Tu n'as rien à voir là-dedans, tu n'y es pour rien, tu m'entends. Pour rien du tout. Et je peux même t'assurer que si tu étais toujours premier en classe, si tu ne ramenais que des 19 et des 20, eh bien, ils continueraient à se disputer« (S. 47 f.).

Sein Bewerbungsschreiben offenbart seine tiefe seelische Not. Es ist derart originell abgefasst, dass er in dem Internat angenommen wird, allerdings mit der Auflage eines Aufnahmetests.

Tief erschüttert von der Nachricht, dass sein Opa im Krankenhaus liegt und nicht besucht werden darf, wendet er sich in Gedanken flehentlich – fast beschwörend – an den Kranken und bittet ihn, nicht zu sterben, weil er ihn noch dringend brauche: »Ne meurs pas. Reste là. J'ai besoin de toi. [...] Tu n'as pas le droit de mourir. Je suis trop jeune. Je veux que tu me voies grandir. Je veux que tu sois fier de moi. Je veux que mes enfants aillent dans ton cagibi. Je veux que mes enfants sentent ton odeur« (S. 58).

Wie nötig Grégoire den geliebten Opa braucht, stellt sich bald heraus, als er bei der Aufnahmeprüfung nicht mehr weiter weiß und plötzlich die Stimme seines Opas aus weiter Ferne hört, der ihm mit seinen guten Ratschlägen seine Aufregung nimmt und ihm wieder Mut einflößt, so dass er das Wunder vollbringt und die Prüfung besteht. Zu Hause erfährt er, dass Opa Léon im Koma liegt. Unter Tränen sucht er Opas Schuppen auf. Als er die in Holz eingeritzte Inschrift »Aide-moi« wiederentdeckt, ist sein Kummer wie verflogen.

Auf der Fahrt zur neuen Schule wird sein Selbstbewusstsein durch die ermutigenden Worte seines Vaters, der zum ersten Mal Grégoire gegenüber eine positive Gefühlsregung zeigt, entscheidend gestärkt: »Tâche d'être heureux, tu le mérites. Tu sais, je te l'ai jamais dit, mais je pense que tu es un type bien« (S. 68).

Obwohl er in der neuen Schule nicht zu den Besten gehört, schätzen ihn seine Lehrer sehr, was ihn dazu motiviert, seine Leistungen mit allen Kräften zu verbessern. Im Technischen Unterricht ist er sogar die letzte Instanz bei kniffligen Problemen und wird vom Lehrer um Rat gefragt. Von dem früheren Schulekel ist nichts mehr zu spüren. Was ihn jedoch stark beunruhigt, ist die Ungewissheit über das Schicksal seines Großvaters. »Il n'y avait rien à faire. Juste attendre. C'était insupportable. Lui, il m'avait aidé quand j'avais vraiment besoin, et moi, rien. Que dalle« (S. 70).

Beim Sportunterricht am verhassten Knotenseil kann er sich Opa Léon gegenüber dankbar erweisen, indem er für ihn kämpft, über sich selbst hinauswächst und seine Schlappheit bezwingt. Die Willenskraft, die ihn siegen lässt, schickt er dankerfüllt seinem geliebten Opa, um ihn aus dem Koma zu befreien: »Grand-Léon, écoute-moi bien! Je vais y arriver. Je vais le faire pour toi, pour toi, tu m'entends!« (S. 71). »Je t'envoie ma force. Je t'envoie ma volonté. Prends-en! Prends-en! T'en as besoin« (S. 72). Mit dem Schrei »Réveille-toi!!!« erreicht er das Ende des Seils, temperamentvoll angefeuert von den Jungen seiner Klasse.

Von nun an schöpft er neue Hoffnung, wenn er abends

durch die Dörfer und Wälder streift und stellvertretend für den Opa tief Luft holt, um ihm durch eine Art Mund-zu-Mund-Beatmung auf Distanz seine Lunge, seinen Atem und sein Herz zu übertragen.

Die Hiobsbotschaft seiner Mutter, dass die Ärzte Opa Léons Behandlung eingestellt haben, wird am – schon fast traumhaften – Ende des Romans optimistisch und humorvoll dementiert, als Grégoire von seinem geliebten Opa im Rollstuhl besucht wird, der die Rührung und die Tränen seines Enkels durch seine deftigen Worte »Tu devrais fermer ta braguette, Toto, tu vas prendre froid« in ein befreiendes Lächeln verwandelt. Nun kann er beruhigt und hoffnungsvoll in die Zukunft schauen: »35 kilos d'espoir«.

Mit ihrem Jugendroman *35 kilos d'espoir* wollte Anna Gavalda wohl kaum eine Analyse von Schwachstellen und Defiziten im schulischen Bereich anstellen, dafür sind die gezeigten Schwierigkeiten und Probleme zu punktuell und wenig systematisch dargestellt. Zweifellos war es jedoch ihre Absicht, die Mängel eines pädagogischen Systems aufs Korn zu nehmen, das die schöpferischen Kräfte eines Schülers nicht berücksichtigt und ihm jegliche Unterstützung versagt, wenn er in seelischer Not ist. Daneben ist unterschwellig der Vorwurf an die Lehrerschaft spürbar, der Motivation zu wenig Bedeutung im Unterricht einzuräumen. Gerade die Motivation in ihren vielfältigen Abwandlungen ist ein pädagogisches Grundanliegen – ja eine Grundforderung. Es gibt unendlich viele Möglichkeiten, alle Schüler einer Klasse zu motivieren, ihr Interesse, ihre Freude, ihre Neugier, ihre Begeisterung zu wecken. Natürlich setzt dies voraus, dass der Lehrer ein hohes Maß an Kraft, Freude, Phantasie, Humor, Witz und Erfindungsgabe einsetzt, um spannenden, abwechslungsreichen Unterricht zu bieten, von dem alle Schüler mitgerissen werden. Von phantasie- und humorlosen Dozier-, Bewertungs- und Benotungsautomaten ist dies nicht zu erwarten. Denn wo die Motivation fehlt, kann keine Leistung entstehen, wo die Leistung fehlt, bleibt der Erfolg aus, und wo der Erfolg ausbleibt, stellen sich Indifferenz und Schulverdrossenheit ein: ein Teufelskreis. Diesem »cercle vicieux« kann Grégoire erst entkommen, als er spürt, dass er von seinen Lehrern geschätzt, verstanden und ernstgenommen wird. Der Erfolg stellt sich bei ihm dann von selbst ein.

Die Geschichte, die uns die Autorin erzählt, ist fesselnd und spannend durch die lebendige, spontane, teils saloppe und – wie stets bei Anna Gavalda – völlig realistisch anmutende Schülersprache. Eine besondere Dynamik und Wirklichkeitsnähe gewinnt die Romanhandlung durch die zahlreichen Selbstgespräche Grégoires sowie durch die Wahl der Ichform als narratives Stilmittel, wodurch Leserinnen und Leser angeregt werden, die intimsten Gefühle des Protagonisten, seine Erlebnisse, Ängste, Befürchtungen, Enttäuschungen, Zweifel und Selbstzweifel hautnah mitzuerleben und nachzuvollziehen.

Tragisches und Komisches in raschem Wechsel werden in diesem mitreißenden Jugendroman spannungsreich in Szene gesetzt: Was ist komischer als Grégoires Clownerien im Turnunterricht, als er bei der verunglückten Bodenrolle seine Turnschuhe an die Decke schleudert oder als Torwart ein Eigentor schießt oder bei der Ballabwehr ins Gras beißt und Kuhlaute ausstößt. Was ist erschütternder als seine tiefe Betroffenheit, als er die Krankheit seines Opas zu ahnen beginnt und später befürchtet, dass er seine einzige Stütze im Leben zu verlieren droht.

Das Ende des Romans, das Grégoires Sieg über sich selbst schildert und Opa Léons Gesundung einleitet, deutet einen hoffnungsvollen Neubeginn im Leben des Dreizehnjährigen an.

Anna Gavalda wird 1970 in Boulogne-Billancourt an der Peripherie von Paris geboren. 1974 lassen sich ihre Eltern im Département Eure-et-Loir südöstlich der Hauptstadt in einer ehemaligen Abtei nieder. Anna verbringt hier mit ihren drei Geschwistern eine unbeschwerte Kindheit. Nach der Trennung ihrer Eltern zieht sie mit 14 Jahren zu einer ihrer

Tanten, einer Mutter von dreizehn Kindern. Sie tritt in eine katholische Anstalt in Saint-Cloud ein, wo ihre freie Denkungsart auf eine harte Probe gestellt wird. Später besucht sie das Lycée Molière im vornehmen 16. Arrondissement. Bevor sie an der Sorbonne ihr Studium aufnimmt, arbeitet sie u. a. als Hostess, Verkäuferin, Kassiererin, Platzanweiserin und Floristin. Dabei sammelt sie umfangreiche Erfahrungen in vielfältigen Lebensbereichen und lernt die unterschiedlichsten Menschen kennen.

Sie heiratet einen Veterinär, mit dem sie zwei Kinder, Louis und Félicité, hat. Zu dieser Zeit beginnt sie, sich literarisch zu betätigen. Meistens schreibt sie abends oder nachts, wenn die Kinder im Bett sind. 1999 hat sie einen sensationellen Erfolg mit ihrer Novellensammlung *Je voudrais que quelqu'un m'attende quelque part.* Die erste Ausgabe erreicht wenige Jahre nach Erscheinen 204000 Exemplare, die Taschenbuchausgabe bei »J'ai lu« 160000 Exemplare und die Buchclubausgabe 140000 Exemplare. Außerhalb Frankreichs sind die Novellen bisher in 19 Sprachen übersetzt worden. Bald nach Erscheinen wird das Buch mit dem Grand Prix RTL-Lire ausgezeichnet.

Die Protagonisten der Novellen sind Menschen, die oft ungewollt in eine unerwartet schwierige, vielleicht tragische Situation geraten, oder Menschen, die jahrelange Enttäuschungen wortlos und ohne Protest ertragen. Daher ist der Titel symbolisch, nicht nur für die Erwartungshaltung der Protagonisten, sondern für das Bedürfnis vieler Menschen, Ansprechpartner für ihre Sorgen und Nöte zu haben und aus ihrer Einsamkeit herauszutreten. In allen Novellen wird die eingeleitete Handlung unterbrochen, es tritt immer etwas Unerwartetes ein, so dass die Protagonisten Schiffbruch erleiden, einsam bleiben oder nach einem kurzen Lichtblick wieder in Einsamkeit verfallen. Die Auslöser für dieses Scheitern sind verletzter Stolz, seelischer Schock nach einer Fehlgeburt, eheliche Entfremdung, ungestilltes Liebesbedürfnis, Desillusionierung, Einsamkeit und Lebensüberdruss, extreme seelische Belastung, Kontaktarmut, sexuelle Frustration, Verwirrung und Unterdrückung der Gefühle, Verklemmtheit dem anderen Geschlecht gegenüber, erstickte Glücksgefühle.[1]

Den zweiten großen Erfolg hat die Autorin mit dem Roman *Je l'aimais*, wie ihr erstes Buch 2002 im Verlag »Le Dilettante« erschienen. Es ist ein langer, eindringlicher Dialog zwischen einer jungen Frau und ihrem Schwiegervater. Sie ist gerade von ihrem Mann verlassen worden, und er erzählt ihr, wie er seine große Liebe verloren hat – durch sein eigenes Versagen. Mit großem Einfühlungsvermögen schildert Anna Gavalda die Leidenschaft des verheirateten Mannes für eine ungemein reizvolle Frau, seine seelischen Konflikte und seinen Verzicht – eine bewegende Retrospektive auf sein Leben und eine trostreiche Hilfe für die gedemütigte Schwiegertochter.

Gavaldas drittes Werk ist ein Roman von über 600 Seiten, der wie ein Lexikon anmutet: *Ensemble, c'est tout*, 2004 erschienen. Es ist die bitter-süße Geschichte von vier Personen, die in einem altmodischen, aber gemütlichen Pariser Appartement-Haus in der Nähe des Eiffelturms zusammentreffen. Obwohl sie sich durch soziale Herkunft, Alter, Temperament und Beruf unterscheiden, haben sie vieles gemeinsam: ihren ungestillten Lebenshunger, ihre Hilfsbereitschaft und Großzügigkeit, ihr immenses Liebesbedürfnis. Die magersüchtige Camille, eine begabte Zeichnerin, der versierte, launische Koch Franck, der schüchterne, blaublütige Philibert, Spezialist für französische Geschichte, und die bejahrte, halsstarrige Paulette, die Großmutter von Franck, leben zusammen unter einem Dach und finden nach anfänglichen Streitigkeiten und Schikanen einen Weg, sich in gegenseitigem Verständnis und Toleranz zu respektieren und zu lieben.

Ein Buch voller Zärtlichkeit, Humor, Zuneigung, aber auch voller Leid und Enttäuschung, das durch die flotten, le-

1 Siehe dazu das Nachwort in: Anna Gavalda, *Je voudrais que quelqu'un m'attende quelque part*, hrsg. von Helmut Keil, Stuttgart 2003 (Reclams Universal-Bibliothek 9105, Fremdsprachentexte).

bensnahen Dialoge besonders besticht. Der Titel der deutschen Übersetzung, *Zusammen sind wir weniger allein*, gibt die Grundstimmung des Romans vortrefflich wieder.

Für Anna Gavalda ist die Liebe das zentrale Thema in ihren Werken wie im Leben. Sie kann beglückend und bezaubernd, aber auch schmerzend und verletzend sein. »J'envie, d'une certaine manière, les gens pour qui la vie sentimentale est secondaire. Ils sont les rois du monde: invulnérables.«[2]

Ihr besonderes Interesse gilt Menschen, die vom Schicksal benachteiligt wurden, die im Leben zu kurz gekommen sind, liebenswerten Menschen im Grunde, die trotz intensiver Bemühungen zum Scheitern verurteilt sind – ob es sich um Reiche oder Arme, Junge oder Alte, Intellektuelle oder einfache Arbeiter handelt. Ihrer Meinung nach hat jeder von uns eine Schwachstelle, »une fêlure«. Sie misstraut all denen, die vorgeben, keinen schwachen Punkt zu haben und nie an sich zu zweifeln.

Ihr Stil wirkt locker, frisch, burschikos, flüssig, mühelos und spontan. Aber nach eigener Aussage nimmt sie sich viel Zeit, ihre Texte zu überarbeiten, die Sprache zu glätten, zu entschlacken, zu rhythmisieren und bei Neuauflagen Verbesserungen vorzunehmen.

Einen breiten Raum in ihren Novellen und Romanen nehmen Witz, Humor, Schlagfertigkeit und Ironie ein. Selbst todernste Begebenheiten schildert sie mit leichter Hand, um die triste Atmosphäre etwas aufzulockern und zu entspannen. »Il me semble qu'il y a une façon de parler des choses dures et pas drôles avec légèreté. En tout cas, c'est la meilleure façon de sortir du marasme quotidien.«[3]

Helmut Keil

2 Marie Laure Delorme, »On l'aime, Anna Gavalda«, in: *Le Journal du Dimanche*, 3 février 2002.

3 »Le Club reçoit Anna Gavalda. Interview du 26/3/2000«, http://www.grandlivredumois.com/static/actu/rencontres/gavalda.htm.

Inhalt

Französische Fremdsprachentexte

IN RECLAMS UNIVERSAL-BIBLIOTHEK

Romane

Tahar Ben Jelloun: Les Raisins de la galère. 176 S. UB 9056

Didier van Cauwelaert: Un aller simple. 229 S. UB 9109

Marguerite Duras: L'Amant. 168 S. UB 19704 – Moderato cantabile. 124 S. UB 9032

Annie Ernaux: Une Femme. 95 S. UB 9278

Anna Gavalda: 35 kilos d'espoir. 93 S. UB 9148

Michel Houellebecq: Extension du domaine de la lutte. 227 S. UB 9091

Agota Kristof: Hier. 141 S. UB 9096

François Mauriac: Thérèse Desqueyroux. 173 S. UB 9230

Jean-Claude Mourlevat: L'enfant Océan. 167 S. UB 9117

Amélie Nothomb: Robert des noms propres. 175 S. UB 9121

Yann Queffélec: Noir Animal ou la Menace. 147 S. UB 9089

Christiane Rochefort: Les Petits Enfants du siècle. 167 S. UB 9265

Gilles Rozier: Un amour sans résistance. 209 S. UB 19703

Françoise Sagan: Aimez-vous Brahms . . . 143 S. UB 9238

Éric-Emmanuel Schmitt: Monsieur Ibrahim et les fleurs du Coran. 101 S. UB 9118 – Oscar et la dame rose. 120 S. UB 9128 – L'enfant de Noé. 175 S. UB 9147

Philipp Reclam jun. Stuttgart

La Littérature française

Une anthologie

Herausgegeben von Karl Stoppel
335 S. UB 9086

Diese Textsammlung präsentiert vom ausgehenden Mittelalter bis zur Gegenwart die großen französischen Autoren in prägnanten Auszügen aus Romanen, Memoiren, Erzählungen, Essays, in charakteristischen Dramenszenen, in Aphorismen, Chansons und Gedichten.

XVe/XVIe siecle

Villon – Rabelais – Du Bellay – Ronsard – Montaigne

XVIIe siècle

La Rochefoucauld – La Fontaine – Molière – Pascal – Madame de Sévigné – Racine – La Bruyère – Saint-Simon

XVIIIe siècle

Marivaux – Montesquieu – Voltaire – Rousseau – Diderot – Beaumarchais – Laclos – Mercier

XIXe siècle

Chateaubriand – Lamartine – Vigny – Hugo – Stendhal – Balzac – Nerval – Baudelaire – Flaubert – Verlaine – Rimbaud – Zola – Mallarmé – Maupassant – Jarry

XXe siècle

Proust – Valéry – Gide – Apollinaire – Desnos – Giraudoux – Saint-John Perse – Éluard – Saint-Exupéry – Prévert – Sartre – Anouilh – Camus – Ionesco – Robbe-Grillet – Tournier – Duras – Houellebecq

Philipp Reclam jun. Stuttgart